AF566062

Gerald Grosz

Der perfekte Untertan

Für Jörg Haider,
der immer für die Freiheit der Menschen kämpfte

GERALD GROSZ

DER PERFEKTE UNTERTAN

ARES VERLAG

Umschlaggestaltung: DSR – Werbeagentur Rypka, A-8143 Dobl/Graz
Umschlagabb. Vorderseite: pixabay.com / AdinaVoicu

Bibliografische Information der Deutschen Nationalbibliothek
Die Deutsche Nationalbibliothek verzeichnet diese Publikation in der Deutschen Nationalbibliografie; detaillierte bibliografische Daten sind im Internet unter https://www.dnb.de abrufbar.

Erklärung des Verlages
Gerald Grosz publiziert in Zeitungen und Zeitschriften wie „Österreich" und „Deutschland Kurier" und tritt regelmäßig in der Sendung „Fellner LIVE!" auf OE24.tv auf. Teile einiger im vorliegenden Buch abgedruckter Texte sind zuvor bereits in Kolumnen und Gastkommentaren veröffentlicht worden.

Hinweis: Dieses Buch wurde auf chlorfrei gebleichtem Papier gedruckt. Die zum Schutz vor Verschmutzung verwendete Einschweißfolie ist aus Polyethylen chlor- und schwefelfrei hergestellt. Diese umweltfreundliche Folie verhält sich grundwasserneutral, ist voll recyclingfähig und verbrennt in Müllverbrennungsanlagen völlig ungiftig.

Auf Wunsch senden wir Ihnen gerne kostenlos unser Verlagsverzeichnis zu:
Ares Verlag GmbH
Hofgasse 5 / Postfach 438
A-8011 Graz
Tel.: +43 (0)316/82 16 36
Fax: +43 (0)316/83 56 12
E-Mail: ares-verlag@ares-verlag.com
www.ares-verlag.com

ISBN 978-3-99081-132-0

Layout: Ecotext-Verlag Mag. G. Schneeweiß-Arnoldstein

Inhalt

Einleitung

Eine leicht lenkbare, eine steuerbare Masse ist der Traum jedes Autokraten. Und natürlich träumen diesen Traum Eliten, deren ökonomische, politische wie gesellschaftliche Machtfülle sich aus Schwachen, Willfährigen, Geduldigen, Mediengläubigen und Obrigkeitshörigen, also aus den perfekten Untertanen speist.

Widerspruch ist zwecklos, denn das System bedient sich mittlerweile einer qualifizierten Mehrheit an Schlafschafen und Mitläufern. Hauptsache, das Netflix-Abo kann bezahlt werden, auf dem Couchtisch liegen Chips, hergestellt aus gentechnisch veränderten Kartoffeln, und alle drei Monate kann man sich einen Ersatz für den durchgescheuerten Trainingsanzug leisten. Wahlen sind uninteressant, denn das System hat dafür gesorgt, dass selbst beim letzten Menschen im hintersten Tal sich die verheerende Theorie zur Beweisführung für die gelebte Bequemlichkeit durchgesetzt hat, dass Demokratie ohnedies nichts ändere und damit Wahlen nichts veränderten. Und so findet man sich damit ab, ja befördert noch die Tendenz, dass einem Stück für Stück die Freiheit der Selbstbestimmung und Eigenverantwortung geraubt wird. Raub ist der falsche Ausdruck, *man selbst* wirft das hohe Gut, das Recht auf Mitsprache weg. Es ist in Wahrheit ein Geschäft: Gib mir die Bequemlichkeit eines gedanken- und risikolosen Lebens, einen bespaßten Alltag, und ich gebe dir dafür meine Freiheit. Die Mehrheit der Bürger bemerkt diesen Tausch nicht einmal, den sie mit dem Mephisto des Zeitgeistes, der Ideologie einer neuen Gesellschaftsordnung, abschließen. Nur geht es diesmal nicht um das ewige Leben, sondern um das biologisch ohnedies begrenzte Vegetieren als identitätsloser, kulturloser, heimatloser, intelligenzloser Mensch.

Haben wir den Kampf um unser Sein verloren? Ja! Wir haben uns abgeschafft! Wir sind untergegangen in der Masse einer neuen Kultur des Relativismus. Alles ist relativ: die Wissenschaft, die Nation, der Glaube, die Tradition, der moralische Kompass, der Sinn des Lebens. Wir geben beispielsweise unsere Geschlechtsmerkmale auf, denn sie sind nur mehr relativ. Die Wissenschaft zählt nicht mehr, unverbrüchliche Fakten stören. Wir geben unsere Sprache auf, denn ein Festhalten daran gilt als verbohrt und reaktionär. Wir geben unsere Heimat auf, denn die schützende Nation wurde dank der Gehirnwäsche als Basis jedes Krieges kriminalisiert und verleumdet. Patrioten werden als üble Nationalisten oder Rechtsextreme gebrandmarkt. Die Nation und das Festhalten daran sind verpönt. Folglich geben wir unsere Familie auf, die als Keimzelle eines geschlossenen Landes gilt. Wir beginnen bei der Bildung der jungen Menschen, befreien sie von individuellem Talent, denn am Ende zählt eben das kaum vom anderen unterscheidbare *Es*. Wir fördern die Zuwanderung aggressiv, denn nur damit tilgen wir auf Generationen das Gefühl, von Geburt an einer Nation anzugehören. Und wer keinen Verbindungsfaden zum Land, in dem er lebt, aufbaut, verteidigt es nicht, für den gibt es dieses Land nicht. Wir wohnen nur mehr in diesen Ländern, leben aber nicht in ihnen, erkennen diese nicht mehr als gewachsene, durch Geschichte geläuterte Nationen mit einzigartiger Kultur an, zu deren Erhalt wir einen ideellen Beitrag zu leisten haben. Wir wollen auch keinen Beitrag mehr leisten, denn wir sind Egoisten und in unserem Egoismus und Relativismus in Wahrheit unfrei und abhängig. Wir befreien uns eben von allem, was gewesen ist, was uns zu dem macht, was wir sein hätten sollen: freie, selbstbestimmte, eigenverantwortliche, beseelte, leistungsbereite, stolze Bürger. Wir werden zu perfekten Untertanen. Dieses Buch soll aufklären, soll aufrütteln.

Gerald Grosz
März 2024

Der perfekte Untertan

Bildung ist Macht

Bildung ist der wahre Schlüssel zur Freiheit. Der umfassend gebildete, belesene und auf Basis eines Allgemeinwissens klar denkende, wache Mensch, der imstande ist, Zusammenhänge zu verstehen, lässt sich nicht leicht lenken und führen. Ganz im Gegenteil, der gebildete Mensch ist misstrauisch gegenüber allen als die einzige Wahrheit verkündeten Einflüssen, leistet unerbittlich Widerstand auf Basis seiner Erfahrung, die ihm ermöglicht, einen Standpunkt einzunehmen. Der wache Geist macht ihn widerspenstig. Er hinterfragt, widerspricht, er kritisiert, er ist mutig und laut. Er denkt, er grübelt, er wägt ab und ist nicht leicht zu beeindrucken. Er findet sich selbstständig ohne große Hilfe im Leben zurecht. Er bezieht seine Weisheit aus dem übermittelten Wissen über längst Geschehenes, er ist wachsam.

Bildung macht Macht, macht uns zum freien Bürger. Und dieser freie, denkende Bürger ist die Basis einer aufgeklärten und schlussendlich wahren Demokratie. Ohne Freiheit keine Demokratie, ohne Bildung keine Freiheit. Denn der Bürger entscheidet allein, nachdem er gewissenhaft abgewogen hat, und lässt nicht zu, dass man über ihn entscheidet. Er lässt sich nicht einer Masse willenloser Es einordnen, er ist den Autoritären gefährlich, weil er aufbegehrt. Der Gebildete wird niemals ein Untertan sein, der Ungebildete hingegen schon. Der Gebildete macht sich ein Bild, der Ungebildete lässt sich Bilder machen, lässt zu, lässt gewähren. Alle Autokratien und Diktaturen in der Vergangenheit zeichnete aus, die freie Bildung neben der freien Meinung als Erstes einzuschränken. Und Wissen wie freie Meinung sind kommunizierende Gefäße. Ohne das eine ist eben das andere kaum möglich, höchstens ergeht man sich in oberflächlichen Nebenschauplätzen. Bildung und Wissenschaft lehren uns den Widerspruch, lehren und animieren uns zum freien Denken. Das beste Bildungssystem lehrt eben keine Meinung, sondern bloße Fakten. Und auf Basis dieser hat das jeweilige Individuum die Freiheit, sich selbst eine Meinung zu bilden, und bekommt im Bildungssystem das Rüstzeug, diese zu verteidigen. Blicken wir zurück ins Mittelalter. Dieser oft als grau und kalt beschriebene Zeitraum der Weltgeschichte hatte mit den Universitäten leuchtende Zentren des Wissens. Das Mittelalter war nicht dunkel, das Licht war nur exklusiv. Es war eben nicht im Interesse der herrschenden Klasse, dass Wissen einem großen Teil der damaligen Gesellschaft zuteilwürde. Das System von Herrschern und Untertanen baute darauf auf, dass eine Minderheit an der Spitze der Nahrungskette über Wissen verfügte und die breite Masse dumm im Aberglauben starb. Nur die dumme Masse kann man führen. Breite Teile der Bevölkerung wurden gezielt vom Wissen ausgeschlossen. Dem männlichen Klerus und dem Adel standen diese Quellen der Weisheit offen, den Frauen, dem entstehenden Bürgertum und der Bauernschaft blieben sie teils bis gänzlich verschlossen. Dieses System der Exklusivität, diese klare Trennung zwischen Wissenden und Unwissenden diente dem Selbsterhalt der damals absolut Mächtigen. Denn Wissen ist Macht, und mit dieser Machtfülle wurden einfache Menschen, Tagelöhner, Knechte und Bauern ausgebeutet.

Heute, Jahrhunderte später, steht das sogenannte Bildungssystem hingegen allen offen. Egal, in welcher Familie ein Mensch geboren wurde, egal, ob Frau oder Mann, egal, welcher Herkunft, ob Arbeitersohn oder Rechtsanwaltstochter, jeder Mensch hat in den europäischen und westlichen Ländern die Chance, sich von den Pflichtschulen bis zu den Universitäten Wissen anzueignen. Ein Paradies der Weisheit? Mitnichten! Denn was lernt man in diesem offenen, für alle zugänglichen Bildungssystem tatsächlich? Hebt uns das heutige Wissen von den damaligen Knechten ab? Ein paar Fremdsprachen in der Qualität, dass man bei seinem ersten Urlaub in Italien eine Pizza mehr oder weniger unfallfrei bestellen kann. Das wird gelehrt. Ein wenig Biologie, dass man zumindest einen Vogel von einer Biene unterscheiden kann. Welch epochaler Fortschritt.

Und selbst im Biologieunterricht wird nun abseits aller Fakten eben weniger gelehrt, sondern mehr ideologisch-zeitgeistig indoktriniert, dass es nicht mehr nur zwei, sondern eine Vielzahl neuer, noch nicht näher definierter Wunschgeschlechter abseits jeglicher medizinischen Realität gebe. In Deutschland ist dies mit dem Selbstbestimmungsgesetz nun quasi Staatsdoktrin. Dann kommt ein wenig Chemie dazu, damit man wenigstens beim ersten Dieselauto nicht fälschlicherweise Benzin tankt. Wasser von Wein kann man auch unterscheiden, und mit Blick auf Letzteren ist das angesichts der prognostizierten Berufsaussicht heutiger Schüler gar von Vorteil. Was vor 30 Jahren bei uns der Taschenrechner war, ist heute der Laptop. Kopfrechnen ist und bleibt Fehlanzeige. Vom Religionsunterricht sind die meisten abgemeldet, was auch stimmig ist, denn bei einem Anteil von 90 Prozent nicht christlicher Konfession wird diese Unterrichtsstunde ohnedies als religiöse Grenzüberschreitung gegenüber „Andersgläubigen" gesehen und aus Toleranzgründen durch einen nebulösen Ethikunterricht ersetzt. Der Geschichtsunterricht beschränkt sich hauptsächlich auf den Zweiten Weltkrieg und die Segnung sozialistischer Bildungs- und Sozialpolitik in den 1970er-Jahren, garniert mit der progressiven Leuchtkraft der 68er-Bewegung bis in die Gegenwart.

Der Schüler von heute kann gendern, hat aber keinen blassen Schimmer von deutscher Literatur. Das Binnen-I kann er im Schlaf, nur lesen und schreiben nicht. Von Allgemeinwissen auch keine Spur, Wallenstein wird immer ein Fremdwort bleiben, Canossa ein kleiner Ort am Rande der Autobahn Richtung Portofino. Wenn überhaupt! Die Antike sucht man vergebens, griechische Philosophen ebenso wie das Römische Reich, das auch nur leicht gestreift wird. Genau so viel zumindest, dass man irgendeinen Filmschinken auf Sky über einen römischen Galeerensträfling im Ansatz sinnerfassend verfolgen kann und Rom nicht in einem Pekinger Italo-Restaurant verortet. Der Hauptteil der Bildung bleibt wieder an den Eltern hängen, denn die Schulen verlässt eben eine leicht lenkbare, kaum gebildete Masse an jungen, zukunftsängstlichen Menschen, die führungs- und planlos in die Zeiten des Erwachsenwerdens taumeln. Bestes Beispiel sind dann doch die satirischen Straßenumfragen von TV- oder Radiosendern, die mit ihren wenig herausfordernden Fragen, wer denn Kanzler Deutschlands sei, im besten Fall keine Antwort oder im schlechtesten Fall „Adolf Hitler" bekommen. Dass in Österreich ein Leopold Figl oder in Deutschland ein Konrad Adenauer regierten, bleibt Geheimwissen. Es wird nicht vermittelt, man legt darauf keinen Wert. Es gibt einen Unterrichtsplan, der wird unabhängig vom kaum vorhandenen Wissensdurst unserer künftigen Elite heruntergebetet. Wir können froh sein, dass uns unsere Großeltern am 5. Dezember eine Mozartkugel ins Krampussackerl steckten. So ist zumindest der Name Mozart, wenngleich auch nur mit einer Schokokugel verbunden, irgendwie gegenwärtig. Seien wir doch ehrlich, lügen wir uns nicht in den Sack. Mozart, Beethoven, Wagner, Schiller, Goethe, die Paulskirche, Josef II. – den meisten unserer zukünftigen Führungskräfte sind sie kein Begriff.

Aber wenigstens wissen sie, was queer ist. Das ist auch wichtig, denn in einer als queer definierten Welt muss man zumindest wissen, ob man sich selbst als Regenbogeneinhorn oder als Elefant im Lederkostüm definiert. Die Bundeshymne kennen sie nicht, die kleinen Pampalatsch in der Pflichtstufe, aber die Regenbogenfahne. Und sie haben zumindest die Chance gehabt, mit Crystal Meth in Berührung zu kommen. Das sind die besten Voraussetzungen dafür, irgendwann den Straßenkampf im eigenen Viertel aufzunehmen. Erschwerend kommt hinzu, dass zweifelsohne vorhandene Talente im Sumpf der Gleichmacherei nicht mehr gefördert werden. Man erstickt das Talent. Das Prinzip der Gesamtschule, wo alle im selben Topf dünsten, lässt Unterscheidungen nicht mehr zu. Diese sind auch nicht gewollt, denn es geht ja in letzter Konsequenz darum, eine klassenlose, unterschiedslose Gesellschaft großzuziehen. Wenn einer musisch begabt ist, wird ihm eine musische Ausbildung im genau gleichen Ausmaß zuteil wie dem Nachbarschüler, der sein Heil in der Fortpflanzung von Labormäusen sucht. Die einstigen Unterscheidungen im Bildungssystem dienten nicht dazu, zu trennen. Sie waren die Voraussetzung dafür, einzelne Menschen nach ihrem persönlichen Talent zu fördern, sie zu Höchstleistungen zu animieren. Der Erfolg des einen kann aber für den Erfolglosen diskriminierend, ja traumatisch sein. Deswegen legt die Bildungspolitik Wert darauf, dass alle in gleichem Ausmaß dumm und ungebildet bleiben. Das benachteiligt niemanden, höchstens jenen, der nach mehr strebt, aber in einem zu errichtenden planwirtschaftlichen System eher als Betriebsunfall gilt. Deswegen will man auch Noten abschaffen. Denn es könnte sich ja so etwas wie gesunder Ehrgeiz entwickeln, wenn Klein Achmed auf die Schulnoten von Pascal schaut. Auch dieser Ehrgeiz ist kontraproduktiv. Denn niemand darf aus dem Meer der Gleichgehobelten herausstechen. Unsere Bildungspolitiker sind wie Champignonzüchter. Auf den Samen streuen sie Mist. Wehe, ein weißer Kopf schaut heraus. Da wird er sogleich umgeschnitten.

Ist das ein zu düsterer Blick auf die Gegenwart? Möglich! Es ist zumindest einer, der der traurigen Realität einer immer dümmer werdenden Welt gefährlich nahekommt. Trotz eines offenen Bildungssystems, auf das die Politik in ihren vor Eitelkeit strotzenden Reden so stolz ist, ist am Ende wieder entscheidend, welche Eltern man hat, welcher Familie man entstammt. Willkommen in der Klassengesellschaft der Herkunft. Und da kommt es weniger auf die ökonomische Kraft der Eltern als vielmehr auf deren Hausverstand, auf deren Ehrgeiz, auf deren Vernunft, ja auf deren Verantwortungsbewusstsein an. Wenn man Eltern hat, die trotz des Scheinbildungssystems wiederum durch ihre Eltern sich ein gewisses Maß einer breiten Bildung aneignen konnten, Verantwortung erlernten, hat man die Chance, Plato von Seneca zu unterscheiden und das Wissen über die Habsburger nicht nur aus einem Sissi-Film zu speisen. Nichts gegen Sissi-Filme, die sind wenigstens das auf die Weihnachtsfeiertage beschränkte Leicht-Bildungsangebot des Öffentlich-Rechtlichen. Wenn man hingegen Eltern hat, die dem Stereotyp des perfekten, also ungebildeten Untertans, des klassisch Hirn- und Zahnlosen entsprechen, hat man größtmögliches Pech. Die wahre Dramatik ergibt sich, wenn auch die Eltern der neuen Bildungselite ihr Leben unter das Motto „Da steh ich nun, ich armer Tor, und bin so klug als wie zuvor“ stellen. Eine Chance, zumindest als Mann, hat man noch: den Militärdienst. Sofern man diesen absolviert, was übrigens auch immer weniger tun, denn das Heer ist reaktionär. Wenn man sich also für das Militär entscheidet, kommt man in den Genuss zu erlernen, dass man sich in der Früh duscht, die Zähne putzt und das Bett macht. Immerhin. Das Wissen über Körperhygiene lässt einen schon aus dem stinkenden Meer der Ungewaschenen herausstechen.

Gut, das ist nun wirklich diskriminierend und übel. Ich nehme es mit Bedauern zurück, ich entschuldige mich. Übrigens, der Unterrichtsgegenstand Selbstgeißelung ist wirklich der einzige, der mit Eifer und nachhaltig den kleinen Erdenmenschen regelrecht eingeimpft wird. Man muss eben nichts mehr können, sondern sich nur an jedem Ort und zu jeder Zeit entschuldigen. Diese Entschuldigungskultur zieht sich wie ein roter Faden durchs Bildungssystem. Wenn man eine eigene Meinung vertritt, muss man sich entschuldigen. Wenn man sich gegen den um sich greifenden Hirnfraß zur Wehr setzt, laut, mutig und tapfer Widerstand leistet, muss man sich entschuldigen. Wenn man einen Mann einen Mann nennt, eine Frau eine Frau, muss man sich entschuldigen. Wenn man die entsetzliche Behauptung aufstellt, dass es den Klimawandel schon immer gegeben habe, muss man sich mindestens hundertmal selbst auspeitschen und zur Buße die „Internationale" singen. Wer das Binnen-I nicht richtig setzt, braucht sich nicht mehr zu entschuldigen, er bleibt sitzen. Auch wenn er alle Chancen hätte, Nobelpreisträger zu werden. Aber wer braucht schon Exzellenzen und Eliten in einer Welt, wo eine kleine Minderheit wie im Mittelalter darüber bestimmt, wer gut und böse, wer erfolgreich und erfolglos ist? Was im Mittelalter der Adel war, der über Exklusivität entschied, ist heute das sogenannte offene demokratische Bildungssystem selbst. Es wäre ungerecht, die Fehler dieses vermeintlichen Bildungssystems nur an den Lehrplänen, an der ideologisch geprägten Bildungspolitik festzumachen. Einen gehörigen Anteil daran hat auch das Lehrpersonal, das seinerseits aus der Ära der ideologischen Verseuchtheit, also der sozialistischen Bildungspolitik, keine Schlüsse gezogen hat. Und jene Lehrer und Professoren, die in ihrem Beruf noch eine Berufung sehen, mit Leidenschaft und

Euphorie ihren ersten Arbeitstag an den geistigen Anstalten begonnen haben, resignieren heute nicht zuletzt angesichts der demografischen Probleme, denen unser Bildungssystem ausgesetzt ist, zersetzt wird. Wenn man in Klassen einen Anteil von 95 Prozent Schülern nicht deutscher Muttersprache in den Reihen sitzen hat, wird es mit der Vermittlung deutscher Sprachkenntnisse sehr schwierig, steht das Lehrpersonal vor einer Mammutaufgabe.

Unser Scheinbildungssystem, das keine Bildung vermittelt, wird immer mehr zum Kampfgebiet ethnischer Konflikte. Wenn es im Nahen Osten brennt, brennts lichterloh im Klassenzimmer. Wenn irgendwo ein Krieg die Menschen entzweit, wird die Schule zur verlängerten Werkbank des geografisch Tausende Kilometer entfernten Kriegsschauplatzes. Besonders beliebt in heimischen Schulen, wenn man von heimisch überhaupt noch sprechen kann, ist die mittlerweile durchgängige Praxis, das weibliche Lehrpersonal abzulehnen. Das beginnt bei den Eltern, die in ihren Herkunftsländern eben frauenfeindlich sozialisiert wurden, und endet bei den Kindern, die ihren Eltern um frühpubertäre Frauenfeindlichkeit in nichts nachstehen. Wenn wir uns die Welt von morgen ansehen wollen, brauchen wir heute nur in unsere städtischen Schulen zu gehen. Dann wissen wir, wie die Gesellschaft ticken wird, wer der neue Herr im Haus ist, welcher Flaschengeist durchs Land zieht. Linke GutmenschInnen, toleranzbesoffene Bereicherungspolitiker träumen von Inklusion. In Wahrheit wird der letzte noch vorhandene Keim, sich irgendwie Bildung anzueignen, dadurch erstickt.

Was kommt also aus diesem Bildungssystem heraus? Die Schulen verlassen Individuen, die als regelrechtes Modell eines perfekten Untertans gelten. Sie hinterfragen nicht, weil sie keine Fragen haben. Sie kritisieren nicht, weil sie Zusammenhänge nicht verstehen. Sie werden abhängig, weil man ihnen Unabhängigkeit niemals beibrachte. Die Aufgabe obliegt eben den Eltern, und wenn auch diese sich bereits im Stadium eines perfekten Untertans befinden, dessen Leben sich auf die Grundbedürfnisse wie Essen und Schlafen, Sex und Verdauung beschränkt, haben der kleine Fritz und die Mimi, heute eben der kleine Mustafa und die kleine Aisha, keine Chance. Bei den beiden Letzteren fällt das gar nicht so auf, weil ihre Eltern aus Regionen kommen, in denen das Bildungssystem unserer mittelalterlichen Gesellschaftsaufteilung aufs Haar gleicht. Gottlob ist die Errungenschaft menschlichen Erfindungsgeistes, der durch die Schulen nicht getilgt wurde, so weit, künstliche Intelligenz auf den Markt zu bringen. Denn wo natürliche Intelligenz nicht mehr vermittelt wird, hilft künstliche eben aus. Aber was bleibt? Es bleibt ein perfekter Untertan, der nicht mehr denkt, sondern nur fühlt und mangels eigener Intelligenz der Anwender einer künstlichen Intelligenz zur Hebung seiner Bequemlichkeit wird. Und das Wohlgefühl der Bequemlichkeit täuscht ihn über den Amputationsschmerz eines funktionierenden Hirns hinweg.

Der Mensch war einst ein vernunftbegabtes Wesen. Davon ist nicht viel übrig geblieben. Heute zahlt er Steuern, teilt die Woche in Arbeitstage, die Herkunft der Feiertage ist ihm fremd, und am Ende ist er froh, wenn er irgendwie gut genährt über das Jahr kommt. Es wäre ja auch nicht im Sinne des Erfinders, wenn die Staatsbürger einzelner Länder ihre Systeme, das Scheitern ihrer politischen Eliten, die Zusammenhänge zwischen globalisierter Wirtschaft und dem Auseinanderdriften der Gesellschaft verstünden. Der Mensch ist eben genügsam und dumm, dank eines Bildungssystems, das nur den einen Anspruch hat: genügsame und dumme Menschen zu schaffen. Genügsame Menschen sind eben perfekte Untertanen, und die Dummheit regiert die Welt.

Der kulturlose Untertan

Dem perfekten Untertan lässt man keine Kultur und damit keine Identität. Er braucht sie auch nicht. Denn rein auf eine Steuern zahlende Arbeitskraft reduziert, die mit dem ganzen Leben den alles bestimmenden Autoritäten, den Regenten und dem Kapital, als reiner Wachstumsfaktor zu dienen hat, braucht er Kultur nicht. Im Gegenteil, sie ist sogar schädlich. Denn die Kultur unterscheidet uns ja von anderen Kulturen, und diese

Unterscheidung ist im alles gleichhobelnden Regime wie eine allumfassende Bildung nicht gewollt.

Denn in der neuen Welt des perfekten Untertans sind alle gleich, haben alle gleich zu sein. Da gibt es keine Herkunft, da gibt es keine Nationen, damit keine Zugehörigkeit zu einem homogenen Volk, keine Kontinente, keine Eigenart, kein Individualrecht. In jenem Ausmaß, wie sich die Wirtschaft globalisiert hat, hat sich auch der Mensch zu globalisieren. Wir sind eben im 21. Jahrhundert Teil der grenzenlosen Gesellschaft. Das verwundert nicht. Denn wenn wir in unseren Wohnzimmern vor den sozialen Netzwerken sitzen und unsere Gedanken dem Internet preisgeben, sind diese im selben Moment weltweit abrufbar. Der perfekte Untertan kennt keine Grenzen, es gibt keine Nationen mehr, es gibt keine Herkunft, folglich auch keine Kultur, die von der Vergangenheit des Herkunftsfleckens bestimmt würde. Es gibt nur mehr austauschbare, relativierte Lebenswelten, die rein zufällig am Rhein, an der Donau oder der Seine liegen und in denen wir leben, zu vegetieren haben. Blicken wir doch in die Städte einzelner europäischer Länder. Können wir sie noch voneinander unterscheiden? Erkennen wir die Eigenarten? Sie werden alle gleich, die neue Baukultur wälzt alle historisch und kulturell bedingten Eigenheiten der Orte nieder, allein eine herausragende, jeweils mit nur einer Nation oder einem Landstrich verbundene Baukultur gibt es bald nicht mehr. Europas architektonischer Beitrag zur Welt ist der neben jedem Kreisverkehr sich auftürmende Glas-, Pappe- und Stahlmoloch namens Fachmarktzentrum. Der an sich gewollte Nebeneffekt ist, dass die historisch gewachsenen Ortszentren, aus denen sich eine geschichtliche Entwicklung ableiten ließ, aussterben. Die Kleinunternehmer sind mitausgestorben, an der Peripherie regieren die Globalisten. Dass in Europa Dome und Kathedralen stehen, hat auch keine besondere Bedeutung mehr. Sie sind bestenfalls Teil der ortsüblichen Folklore geworden, wie eben die Schlösser und Burgen, die Brücken und Museen. Wie eben das Wiener Schnitzel oder die Kässpätzle kulinarische Folklore waren, bevor der Kebabstand in Massen kam und den Wiener Würstelstand obsolet machte.

Was zeichnet ein Land aus? Die Menschen, die Geschichte, die Baukultur, die Tradition, die Künstler und Kulturschaffenden, die Wissenschaft, die Wirtschaft, die eigentümliche Natur, die kulinarischen Spezialitäten, die Mentalität, der Glaube, die Sprache, das Rechtsverständnis. Das alles ist nicht nur Kultur, das kreiert dauerhafte Identität. Unter dem Dach dieser Werte trifft sich ein Volk. Diese Identität formt uns wiederum. All das macht ein Land, eine Nation und die darin lebenden Staatsbürger aus. Wir sind dadurch unverwechselbar, und mit dieser herkunftsbezogenen Kultur leisten wir in aller Welt einen Beitrag, sind bekannt und nicht nur auf den Tourismus zu reduzieren. Zumindest eine kleine Minderheit von uns bleibt diesbezüglich tapfer. Die Geschichte Österreichs ist eine andere als die des Staats Afghanistan, auch wenn man es mit Blick auf manche Viertel kaum mehr glaubt. Und die Geschichte Russlands ist eine andere als die deutsche Geschichte, wie eben Spanien und Norwegen schwer mit Österreich vergleichbar wären. Europa, wir alle zeichnen uns durch diese Unterschiede der Kulturen aus. Wenn ich allein an Österreich denke, haben so viele Kulturen aus dem Vielvölkerreich der Donaumonarchie, uns geprägt. Und wenn ich auf Deutschland blicke, ist eben die bayerische Kultur und Identität eine andere, als wir sie in Hamburg oder auf Sylt finden. Und dennoch findet sie sich unter dem Dach Deutschlands wieder, gibt einem Staatsvolk die Kultur. Diese unterschiedlichen Einflüsse sind nicht unser Feind. Sie sind unser größtes Kapital, kein Nachteil und schon gar kein Schaden. In gewisser politischer Hinsicht, also von verschiedensten linken und scheinkonservativen Ideologien ausgehend, sollen diese unterschiedlichen Kulturen einzelner Nationen schädlich sein, weil darauf ein übersteigerter Nationalismus baue. Um diesen übersteigerten Nationalismus gar nicht aufkommen zu lassen, tilgt man die Nation und mit der Kultur jenen Wert, der die Nation ausmacht, den natürlichen Patriotismus. Wie tilgt man eine Nation? Indem man sie kriegerisch überfällt, die Bürger unterjocht, die Frauen vergewaltigt, Häuser brandschatzt, Sprache, Identität und nationale Religion des darin befindlichen Staatsvolkes tilgt. Das ist im 21. Jahrhundert nicht mehr modern, nicht gut gelitten und gern gesehen. Heute führt man den Krieg gegen uns zumindest in unseren Ländern nicht mehr mit Waffen, abgesehen von den kulturbereichernden Machetenwerfern des Orients. Heute macht man es anders, mehr oder weniger unblutig und versteckt, aber umso effektiver. Man lässt die Grenzen einfach offen, bietet mit einem wohlgefüllten Sozialtopf, einer raschen Staatsbürgerschaft, einer intakten Infrastruktur, einer noch friedlichen Gesellschaft Menschen aller Herren Länder und Kontinente eine neue Heimat, verdrängt oder manipuliert in Tateinheit mit toleranzbesoffenen Politiker, Redakteuren und NGOs die Ursprungsbevölkerung, deren Sprache, deren Sitten und Bräuche. Man opfert das gesamte, gut funktionierende gesellschaftliche Modell, ethnische Konflikte werden als Kollateralschäden, Übergriffe als lächerlicher und zu tolerierender Einzelfall abgetan. Die gesellschaftliche Spannung wird vertuscht, denn jeder Aufschrei eines direkt betroffenen Bürgers wird als rechtsextrem abgetan. Wie überhaupt alles als rechtsextrem quittiert wird, was als Kritik an Fehlentwicklungen aufkommt.

Alles ist eitel Wonne, alles ist wunderbar und *woke*, willkommen in der neuen kulturlosen Welt. Wir haben zwar keine Heimat und Kultur mehr, aber wenigstens sind wir bunt und offen. So geschieht es uns doch seit Jahrzehnten! Entweder aus wirtschaftlichen oder vorgeschobenen humanen Gründen entzünden sich an den Schalmeientönen europäischer Politiker die jährlichen Völkerwanderungsbewegungen aus dem Osten, aus dem Nahen Osten, aus Afrika und Teilen Asiens. Man will diesmal auf Nummer sicher gehen und holt sich im großen Stil Menschen, die doch tatsächlich keinerlei historische, kulturelle, sprachliche oder religiöse Verbindungsfäden in die Länder des europäischen Kontinents haben. Kein vernünftiger Bürger wird am seit 30 Jahren in Österreich lebenden Kroaten, Italiener oder Spanier ein Problem sehen. Niemand bis auf einige wenige Ewiggestrige will diese Debatte am Geburtsrecht entzünden. Wer diese überbordende Migrationswelle, diesen Asyl- und Migrationstsunami intellektuell redlich kritisieren will, darf diese Debatte auch nicht über den ethnischen Zugang führen. Er wäre grundlegend falsch und erstickte den Wunsch nach einer Bewahrung unserer Kultur und Identität im Keim eines ideologisch verblendeten Streites ohne Lösung. Denn wenn ich das Beispiel der Nationen nochmals bemühen darf, auf das sich Rassenideologen gern beziehen, sind diese ja im Vergleich zur europäischen Menschheitsgeschichte relativ jung. Der Münchner fühlt sich in erster Linie auch nicht als Deutscher, sondern als Bayer. Und als solcher ist er dem Salzburger und Steirer näher als dem Berliner. Dem Tiroler ist nach dem Wiener Verrat an Andreas Hofer seit Jahrhunderten schwer beizubringen, dass er Österreicher ist. Sein Bruder ist nicht der Wiener, sondern der Bozener. Zusammenfassend: Die Migrationsdebatte auf Basis der ethnischen Herkunft zu führen, ist falsch. Und, wie gesagt, die Gefahr geht nicht vom Kroaten oder Italiener aus. Die Unterwanderung und der damit einhergehende Raub unserer Kultur und Identität sind transkontinental. Sie kommen vom afrikanischen Kontinent, aus dem Nahen Osten, aus dem asiatischen Raum. Und das in einem Maß, dass man angesichts der demografischen Entwicklung nur mehr von Belagerung sprechen kann.

Die Dosis macht das Gift. In den meisten Hauptstädten beträgt der Integrationsanteil im Pflichtschulbereich 95 Prozent und mehr an jungen Menschen fremder Herkunft. Im Gegenzug sind die Schüler deutscher Muttersprache mit bestenfalls fünf Prozent in der Minderheit. In Berlin, in Wien, in Hamburg, in Köln, in Graz, in Paris, in London, in Nizza, in Marseille sind ganze Stadtteile zu kulturell gewandelten Enklaven anderer Kontinente, anderer Länder, Sprachen und Kulturen geworden. Sie haben ein neues Gesicht, eine neue Identität bekommen. Im Volksmund nennt man diese „Ghetto". Und wer daran zweifelt, dem sei ein Besuch in Marseille empfohlen. Da gibt es vielleicht den beschaulichen, touristisch interessanten kleinen alten Hafen. Bis man zu diesem vordringt, muss man durch die Randbezirke. Ein Erlebnis, das ich nicht einmal meinem ärgsten Feind wünschen würde. Die vormals in diesen Städten wohnende Ursprungsbevölkerung wurde von der Mehrheit zur Minderheit, in Wahrheit ist sie nicht mehr vorhanden. Für einen Gutmenschen eine wahre Traumvorstellung, für einen Multikulturalisten ein wahres Paradies. Für den einstigen Ursprungsbürger, der nun im besten Fall früh genug umgezogen ist oder im schlechtesten Fall eine umzingelte Minderheit darstellt, ein Horror. Denn mit ihm, der ausstirbt, gehen diese Kultur, diese Eigenart, seine Herkunft verloren. Es geht mit ihm im Fall Marseille das „Französische" verloren, also jenes Gefühl, das jährlich Millionen von Touristen nach Frankreich fahren lässt. An dessen Stelle tritt eine andere Kultur. Bisher war ich ja davon ausgegangen, dass ich einen Mittel- oder Langstreckenflug buchen müsse, um eine andere Kultur erschöpfend kennenzulernen. In vielen Städten reicht ein U-Bahn-Ticket, um eine Weltreise zu machen, erschöpft von Toleranz zu sein. Der gängige Witz, wonach man als Wiener für eine Reise zwischen Kabul und Damaskus nur drei Euro und zwei U-Bahn-Stationen brauche, ist doch längst Realität geworden. Man kann darüber wertfrei denken, wie man will. Man kann diese Entwicklung ablehnen, bekämpfen, rückgängig machen, sich damit abfinden, man kann sie weiter betreiben. Egal, wo man steht, mit diesem Thema lässt sich zumindest leidenschaftlich Politik machen. Scheinpolitik, denn in Wahrheit ändert sich kaum etwas. Was aber längst verloren gegangen ist, ist unsere Kultur. Die wir aber scheinbar auch nicht brauchen, denn ein perfekter Untertan hat identitätsstiftende Kultur nicht nötig. Denn eine eigene Identität ist doch ein klarer Widerspruch zum politischen Wunsch nach einer namenlosen, willfährigen Masse von Schlafschafen.

Von uns erwartet man, stumme Melkkühe des Fortschrittes und des Konsums zu sein; von Kultur, Sprache und Identität war in den Plänen der neuen Gesellschaftsordnung keine Rede. Wenn nicht gerade ganze Stadtviertel neuen Kulturen geopfert werden, bekämpft der Zeitgeist althergebracht Gutes, das noch irgendwo im Land und vor allem am Land, also in den ländlichen Regionen, Bestand hat. Trachten als Eigenart der national gewachsenen Kleidung der einstigen ländlichen Bevölkerung sind verdächtig. Sie werden als rückwärtsgewandt angesehen, als reaktionär. Trachten haben mit völkischer Ideologie zu tun, und jeder Trachtenträger ist daher kein Patriot, sondern ein übler Nationalist und selbstverständlich ein Nazi. Volksmusik im Sinne eines gelebten Brauchtums, also der Volkskultur, ist den Meinungsmachern zutiefst zuwider. Die in diesen Liedern dargestellte heile Welt der Natur, der Berge und Seen wäre ja etwas, auf das man irgendwie stolz sein könnte. Das darf nicht sein, denn auch der Stolz auf die eigene Heimat und Kultur ist in den Augen mancher bereits die Vorhölle zum nationalistischen Faschismus. Wenn man in Deutschland Friedrich den Großen verehrt, sofern man ihn nach der Hirnwäsche im Bildungssystem überhaupt noch kennt, gilt man bereits als nicht mit der deutschen Staatsdoktrin, wonach Deutsches zu tilgen sei, vereinbar, gilt als verdächtiger Nationalist. Wenn man in Österreich den Namen Peter Roseggers in den Mund nimmt, könnte eine Anzeige nach dem Wiederbetätigungsgesetz auf einen warten. Apropos Namen: Diese werden auch aus dem Stadtbild unserer Länder getilgt. Feldmarschall Radetzky war ein kaiserlicher Kriegsherr, in den Augen einiger Linker daher ein Verbrecher, sein Marsch ist am Neujahrskonzert der Wiener Philharmoniker nicht mehr zu spielen, und nach ihm benannte Plätze sind eilig umzubenennen. Wie die Straßen eines Conrad von Hötzendorf, auch so eines kaiserlichen Kriegsverbrechers, der mehr als ein Jahrhundert nach seinem Tod keinerlei sichtbare Verehrung mehr verdient. Die Kulturrevolution ist im vollen Gange, nur dass auf die alte keine neue, sondern gar keine Kultur mehr folgt. Zumindest folgt an der Stelle der alten Kultur kein Gesellschaftsbild, dass den Namen Kultur verdienen würde. Stellen wir uns diesbezüglich vor, in Frankreich gäbe es eine von politischen Parteien gesteuerte Initiative, den Leichnam des größten kleinen Franzosen, Kaiser Napoleons, wegen schwerer Kriegsverbrechen in seinen unzähligen Feldzügen aus der Krypta des Invalidendomes zu verbannen. Die geistlosen Initiatoren könnten leicht an einer durch stolze Franzosen vorsätzlich zugefügten Croissant-Vergiftung sterben, denn allein bei so einem Gedanken geht jedem Franzosen das Geimpfte auf. Und wie das Amen im Gebet erleben wir jährlich zu Neujahr die aufgeregte Diskussion, warum der Caspar-Darsteller im Rahmen der heiligen drei Könige sich nicht mehr schwarz bemalen dürfe. Oh, der Aufschrei ist jedes Mal groß. Wie kann das Kind nur? Die *Blackface*-Debatte schlägt geschichtliche oder zumindest gelebte Glaubensrealität. Besonders belustigt war ich über den Vorstoß, die unzähligen Mohrenapotheken zu entrassifizieren, also sie um den Mohr im Namen, den dargestellten Schwarzen im Firmenlogo zu befreien. Die Mohrenapotheke, das Mohrenbräu – alles war plötzlich Zielscheibe der aus den USA zu uns geschwappten Bewegung „Black Lives Matter". Dass der Mohr teils einen afrikanischstämmigen Heiligen, ja, tatsächlich: einen Heiligen darstellt, schien den überzeugten Kulturrevolutionären entgangen zu sein.

Im Windschatten einer hysterisierten und ausufernden Rassismusdebatte werden wir monatlich Zeugen entbehrlicher Forderungen oder Diskussionen, die nur darauf abzielen, unsere Geschichte zu verfälschen oder zu tilgen. Als Kulturkämpfer der Sonderklasse tun sich hier sogenannte Haltungsjournalisten des Öffentlich-Rechtlichen in Tateinheit mit politisch bewegten Kulturrevolutionären des linken Meinungsspektrums hervor. Wer kann sich denn nicht an die wunderbaren Verfilmungen der Karl-May-Romane mit Pierre Brice und Uschi Glas erinnern? Winnetou und Old Shatterhand waren doch die Helden unserer Jugend. Heute ist das nicht mehr möglich, denn selbst die heroisierende Darstellung eines Indianers bedeutet in den Augen linker Zensoren und Tugendwächter nichts anderes als die Wiederholung rassistischer Stereotype. Reihenweise müssen Bücher, ja ganze Theaterstücke umgeschrieben werden. Die Weltliteratur, Shakespeare, alles, was nicht niet- und nagelfest ist, steht am Prüfstand der neuen Inquisition. Weil sie eben politisch nicht mehr korrekt sind, viel eher in den Augen einer Minderheit nicht politisch korrekt erscheinen. Die etwas triviale Version von Weltliteratur, James Bond, muss übrigens auch dran glauben. Denn er sei ein sexistischer Frauenheld. Und außerdem seien zwei Filme aus der Agentenserie noch dazu rassistisch, meint das britische Filminstitut. Aber war die Geschichte jemals politisch korrekt? Nein, war sie nie. Es gab auch noch nie eine Generation von Menschen, die sich in einem Anfall von Nationalmasochismus all des Bisherigen entledigt, ja einen neuzeitlichen Bildersturm auf alles Vergangene, in der Zeit zu Verstehende, Historische veranstaltet hätte. Das geht so weit, dass Kindern im Fasching verboten wird, sich als Indianer zu verkleiden. Im Übrigen achten auch einige Kindergärten penibel darauf, dass sich die Kinder nicht allzu leichtfertig dem althergebrachten Alltagsrassismus ihrer Eltern und Großeltern hingeben. So ist die Verkleidung eines Buben als Polizist zutiefst stereotyp, daher folgerichtig „toxisch männlich" und *per se* frauenfeindlich. Ein Kind, das sich als afrikanischer Ureinwohner verkleidet, kann sich überhaupt einen neuen Kindergarten suchen. Dieselben Idioten, denen man die Führung eines gemeindeeigenen Kindergartens übertragen hat, lassen auch nicht zu, dass der böse Krampus mit dem Nikolaus in der ersten Dezemberhälfte die zu ideologischen Brutstätten eines zivilisatorisch kaputten Nachwuchses verkommenen Einrichtungen besucht. Denn die eine Hälfte der Kinder bzw. deren Eltern könnten den katholischen Heiligen mit dem langen weißen Bart, der Mitra und dem Krummstab wiederum als religiöse Grenzüberschreitung sehen, und die andere Hälfte der Kinder läuft Gefahr, durch das Antlitz des Beelzebub schwere Traumatisierungen davonzutragen.

Das System der ideologischen Kulturkrieger greift bereits im Kindergartenalter, man kann eben mit der Volksumerziehung nie früh genug beginnen. Von der Wiege bis zur Bahre, der perfekt trainierte Untertan wird von seinem ersten Lebensschrei bis zum letzten Atemzug politisch indoktriniert. Bemerkenswert ist dabei die Tatsache, dass ausgerechnet jene, die unsere Kultur, unseren Glauben, unsere Traditionen und Brauchtümer als Teil ihres Kampfes bekriegen, dann, wenn keiner zusieht, davon profitieren wollen. Also dass die linken Gewerkschaften und das sie umgebende linke Spektrum zwar konservative Werte ablehnen, aber mit Zähnen und Klauen die katholischen bzw. christlichen Feiertage verteidigen. Dass jene, die unsere Kultur und Europas sinnstiftende Religion nicht anerkennen, nicht einmal respektieren, sehr wohl die christlichen Feiertage konsumieren oder die daraus resultierenden Privilegien genießen wollen. Also: Christus lehnt man ab, attackiert Kirchen, deren überlieferte Werte, aber die Hand fürs Weihnachtsgeld hält man auf. Dass so ein Paradoxon überhaupt möglich ist, liegt daran, dass der perfekte Untertan feige und bequem ist, gewähren lässt. Er lässt sich alles rauben, er lässt sich alles widerstandslos zerstören. Der perfekte Untertan hat keine Vergangenheit, er hat eine graue Gegenwart und eine wenig erfrischende Zukunft in der Legebatterie von „Woko Haram". Konservatismus bedeutet nicht hinterwäldlerische Rückwärtsgewandtheit. Es bedeutet das gute Alte zu bewahren und offen für gutes Neues zu sein. Mit der Weisheit der Vergangenheit ordnet der Konservative bestmöglich die Zukunft ein. Es hat keinen Sinn, den Fortschritt zu bekämpfen, wenn er einer Mehrheit der Menschen zugutekommt und niemanden schädigt. Es hat aber viel Sinn und ist ein Zeichen von Verantwortungsbewusstsein, konservative Werte als Halt einer gesamten Gesellschaft in den Errungenschaften des Fortschrittes und der Moderne zu bewahren, sie zu integrieren, in die Gegenwart und Zukunft neu zu übersetzen. Die Linken hingegen lehnen alles Alte pauschal ab, ob nun gut oder schlecht, ihnen ist alles fremd, sie haben vor keinerlei Errungenschaften – außer den ihrigen – Achtung und Respekt. Sie bekämpfen Glauben, Tradition, Brauchtum, Identität, sie rauben dem Bürger alles, was einst gut und teuer war. Denn ihr Ziel ist eben die Etablierung eines neuen Gesellschaftsmodells mit dem perfekten, Hände faltenden, Goschen haltenden, kulturlosen, identitätslosen, traditionslosen, glaubenslosen Untertan, der ihr Konzept von einer neuen Gesellschaft achselzuckend akzeptiert, erträgt, ruhig und still über sich ergehen lässt. Hauptsache, er zahlt Steuern, konsumiert und hält den Rest des Tages sein Maul.

Man stelle sich vor, eine dieser kulturkämpferischen Schabracken von links, die beispielsweise im Öffentlich-Rechtlichen oder auf X (vormals Twitter) über Kulturverständnis lästern, stellte sich in eine neapolitanische Pizzeria nördlich des Vesuv und diffamierte die Pizza als reaktionäres, weil altes, kulinarisches Kulturgut Italiens. So schnell könnte die Gute gar nicht flüchten, dass nicht das Pizzablech dort aufschlagen würde, wo man ohnedies kein Hirn mehr vermutet. Oder man stelle sich vor, ein rastafariversiffter Klimaaktivist pickte sich an einer Marmorsäule auf dem Forum Romanum an. 20 Jahre unbedingte Haft in einem apulischen Kerker lassen herzlich grüßen. Die Italiener verteidigen leidenschaftlich ihre Kultur und Geschichte von Sizilien bis in die Toskana, von Mailand bis nach Triest. Die Franzosen verteidigen ihre Küche als ganzen Nationalstolz, die Spanier den Rioja oder den König. Die Briten kämpfen für ihre stolze Geschichte. In Deutschland und Österreich hingegen können wir guten Gewissens feststellen: Wir sind eine Mischkultur geworden, wo jede alte Kultur, zur Kapitulation freigegeben, sich – zur Unkenntlichkeit verwässert – in Restbeständen wiederfinden darf. Was erschwerend daran liegt, dass wir auf unsere Kultur mit Blick auf die Flecken der Historie nicht stolz sein dürfen. Denn die Traditionen unserer Länder der deutschen Zunge haben eine dunkle Geschichte. Und nachdem auch in den dunklen Jahren unserer langen Geschichte Deutsch gesprochen wurde, deutsche Tugend in den missbrauchten Mittelpunkt gestellt wurde, dürfen ebendiese Werte nicht mehr genannt und schon gar nicht gelebt werden. Man fürchtet sich sogar davor. Ich erinnere mich an jenes Bild Angela Merkels, das doch symptomatisch für die Selbsttilgung Deutschlands geworden ist: Sie feierte einen Bundestagswahlsieg auf der Bühne, umjubelt von Anhängern. Ihr Generalsekretär hielt ein schwarz-rot-goldenes Fähnchen in der Hand. Sie entriss ihm dieses und gab mit ihrer Mimik zu verstehen, dass das Schwenken der deutschen Fahne bei einer deutschen Bundestagswahlfeier unpassend sei. Dieser Masochismus, dieser Hass auf das Eigene geht offenbar so weit, dass man sich für die eigenen Staatsinsignien öffentlich geniert. Und man geniert sich folglich für die Kultur. Es waren Menschen, die für Grausamkeit, Krieg und Zerstörung standen, nicht die Tugenden der seit Jahrhunderten vorherrschenden Kultur. Diese Abgrenzung gelingt nicht. Es wird immer alles in einen Topf geworfen. Dann fühlt man sich gut, wenn man sich in Bausch und Bogen der gesamten Geschichte entledigt. So, als wäre nichts gewesen.

Wir haben also im Wettbewerb Europas überhaupt einen noch schlechteren Stand als die stolzen Franzosen oder die Briten. Aus welchen Gründen auch immer: Der perfekte Untertan braucht ohnedies keine Kultur. Je weniger er davon hat, umso leichter ist er lenkbar. Umso leichter kann man ihm eine neue Kultur verleihen, die eine Summe der Kulturrevolution geistiger Blindgänger an den Spitzen der Staaten und Medien ist. Das ist die Kulturrevolution, der wir unterliegen.

Religion

Säkularisierung bedeutet strikte Trennung von Staat und Religion. Sie bedeutet aber nicht die strikte Trennung von Mensch, Glaube, den damit verbundenen moralischen Grundsätzen und der prägenden Glaubensgeschichte. Warum auch?

Im Zuge der Aufklärung hat die katholische Kirche als über knapp zwei Jahrtausende beherrschende Religion des Kontinentes ihren weltlichen Machteinfluss verloren. Man verlor den Einfluss auf die jeweiligen Staatsführungen, der einst mächtige Kirchenstaat ist heute auf eine überschaubare Landfläche inmitten des Zentrums Roms geschrumpft. Dies aus gutem Grund, wenn man eben der Auffassung ist, dass das Staatswesen das Werk der Politiker und das seelische Heil das Werk der Priester sein soll. Viel zu oft hat sich auch die Kirche in jüngster Zeit noch in innerstaatliche Angelegenheiten eingemischt, ist mehr als Partei aufgetreten statt sich auf die Sendung einer Glaubensgemeinschaft zu konzentrieren. Wir denken an die Caritas, die zwar durchaus wesentlicher Bestandteil der christlichen Armutsbekämpfung und Sinnbild dieser Nächstenliebe ist und damit zur Sicherung des sozialen Friedens beiträgt, aber nicht zuletzt in der Asylfrage einen klaren, parteipolitisch eindeutig links verorteten Standpunkt eingenommen hat. Aus lauter Liebe zu allen Geschöpfen dieser Erde verfolgt diese karitative Organisation jenen Standpunkt, dass das Recht auf eine eigene, unberührte und tatsächlich unverwechselbare Heimat nur Ausdruck eines überbordenden Nationalismus sei und die Völkerwanderung unter dem Titel des Asyls und der Wirtschaftsmigration etwas Befruchtendes, Gutes, ja den puren Ausdruck des Guten darstelle. Jeder Mensch sei von Natur aus gleich und – ungeachtet der Herkunft – berechtigt, an jedem Ort der Erde sesshaft zu werden. Zumindest ist dies die grundlegende Ansicht, die ein Teil der offiziellen Kirchenvertreter vehement, ja regelrecht verbissen vertritt. Diese Position ist ja durchaus von einer großen Hingabe an die Freiheit jedes Einzelnen geprägt. Nur endet die Freiheit des einen eben an der Grenze der Freiheit des anderen. Von Grenzen wollen aber die Unterwanderungsideologen wenig hören. Grenzen und Festungen hätten ja noch nie etwas Gutes bewirkt, sagen sie.

Wenn wir Millionen von Menschen des afrikanischen Kontinentes aus sozialen Gründen die Freiheit einräumen, ihre Lebensrealität hier unter uns zu verbessern, nehmen wir im selben Atemzug den Menschen hier in Europa die Freiheit der bisherigen Lebensrealität in gewohnter Identität, gelebter Kultur, Tradition, Wohlstand und Sicherheit. Am Reißbrett der Denker hört sich eben jede Ideologie gut an, und das Christentum ist auch nichts anderes als eine Ideologie, also eine Idee über die Sinnstiftung des Lebens. Wahrlich eine große Idee, die größte und am weitesten verbreitete Idee über das Leben in Regeln, Moral und ein Leben nach dem gefürchteten Nichts, also dem Tod. Der von absoluter Nächstenliebe getragene Theoretiker des Glaubens kann daher sein Heil nur im Verkünden dieser absoluten Freiheit für alle finden. Der Praktiker des Glaubens erkennt die Lebensrealität und die fein austarierte Waage der Welt an und zieht Grenzen, wo diese notwendig sind, wo man Gefahr läuft, aus Nächstenliebe gegenüber dem einen das Leben des anderen zu beschränken.

Ich erinnere mich einmal mehr an die beginnenden 1990er-Jahre, als im Zuge des Volksbegehrens „Österreich zuerst" der Freiheitlichen Partei Österreichs die Bischöfe des Landes vor diesem Volksbegehren als einem Werk des Leibhaftigen warnten. Gerade, dass nicht mit der Exkommunikation jener wahlberechtigten Bürger gedroht wurde, die von ihrem Staatsbürgerrecht, ein Volksbegehren guten Gewissens zu unterschreiben, Gebrauch machten. Am Sonntag vor der Eintragungswoche wurden einzelne Priester von der österreichischen Kirchenführung, also den Mitgliedern der Bischofskonferenz, angewiesen, gleichsam von der Kanzel herab den parteipolitischen Kampf, die niedere rhetorische Agitation gegen die Initiatoren aufzunehmen. Mit dem ewigen Fegefeuer wurde gedroht. Ein Volksbegehren gegen andere Menschen sei nicht christlich. Dabei waren die einzelnen Punkte dieses Begehrens durchaus vernünftig, nicht gegen andere Menschen, sondern eine Politik der zügellosen Zuwanderung gerichtet. Also gegen jene Politik, die den einen das Recht auf sozialen Frieden,

Sicherheit, gesellschaftliche Homogenität raubt, um den anderen das Recht auf ökonomische Verbesserung im fremden Land auf fremde Kosten zu gewähren. Allein wenn ich daran denke, dass ein Bestandteil dieses Volksbegehrens die Begrenzung des Anteils von Schülern nicht deutscher Muttersprache auf 30 Prozent war und wir heute in den städtischen Ballungszentren deren Schulstatistiken mit Fassungslosigkeit betrachten, in denen ein Migrationsanteil von 90 Prozent und mehr ausgewiesen wird, sieht man doch, welches Verbrechen an den Bildungschancen der Jugend die romantische Vorstellung von der Wiederholung der großen Völkerwanderungen auslöst. Heute sind die Punkte unbestreitbare Weisheit jeder Migrationsdebatte. Wenn wir diese Forderungen bereits in den 1990er-Jahren umgesetzt hätten, wäre uns viel erspart geblieben. Der geneigte Leser soll selbst beurteilen, ob die Punkte rassistisch und fremdenfeindlich waren, wie Kirchenvertreter sie brandmarkten, oder eben der Ausdruck einer von Vernunft und weniger von Gefühlen getragenen Politik:

- *Verfassungsbestimmung: „Österreich ist kein Einwanderungsland."*
- *Einwanderungsstopp bis zur befriedigenden Lösung der Frage der illegalen Ausländer, bis zur Beseitigung der Wohnungsnot und Senkung der Arbeitslosenquote auf fünf Prozent.*
- *Ausweispflicht für ausländische Arbeitnehmer am Arbeitsplatz, wobei aus diesem Ausweis die Arbeitsgenehmigung und die Anmeldung zur Krankenversicherung hervorzugehen haben.*
- *Aufstocken der Exekutive (Fremdenpolizei, Kriminalpolizei) sowie deren bessere Bezahlung und Ausstattung zur Erfassung der illegalen Ausländer und zur wirkungsvolleren Kriminalitätsbekämpfung, insbesondere des organisierten Verbrechens.*
- *Sofortige Schaffung eines ständigen Grenzschutzes (Zoll, Gendarmerie) statt Bundesheereinsatz.*
- *Entspannung der Schulsituation durch Begrenzung des Anteils von Schülern mit fremder Muttersprache in Pflicht- und Berufsschulklassen mit höchstens 30 Prozent; bei einem*

mehr als 30-prozentigen Anteil von fremdsprachigen Kindern Einrichtung von Ausländer-Regelklassen.

- *Entspannung der Schulsituation durch Teilnahme am Regelunterricht nur bei ausreichenden Deutschkenntnissen (Vorbereitungsklassen).*
- *Kein Ausländerwahlrecht bei allgemeinen Wahlen.*
- *Keine vorzeitige Verleihung der österreichischen Staatsbürgerschaft.*
- *Rigorose Maßnahmen gegen illegale gewerbliche Tätigkeiten (wie z. B. in Ausländervereinen und -klubs) und gegen Missbrauch von Sozialleistungen.*
- *Sofortige Ausweisung und Aufenthaltsverbot für ausländische Straftäter.*
- *Errichtung einer Osteuropa-Stiftung zur Verhinderung von Wanderungsbewegungen.*

Die Kirchenführung agitierte bis auf wenige Ausnahmen, wie den Bischof von St. Pölten Dr. Kurt Krenn, wie gesagt leidenschaftlich, bisweilen verbissen. Es war eine Grenzüberschreitung, denn dass Vertreter welcher Religion auch immer sich über das parlamentarische wie demokratische Geschehen erheben, darf es nicht geben. Stellen wir uns vor, der Prediger einer Hinterhofmoschee wollte mit dem Kanzler der Republik die politische Agenda diskutieren. Ach ja, das gibt's! Vor allem in den Ländern, in denen Demokratie, Menschenrechte, Minderheitenrechte, Meinungsfreiheit der Glaubenslehre unterworfen sind. Und da meine ich jetzt nicht den Vatikanstaat, der ja gegen manche islamischen Staaten wie ein Hort der Liberalität regiert wird. Und auch den Dümmsten in der heutigen Kirchenführung, die nach wie vor ihr Recht auf politische Hoheit in manchen Debatten erkämpfen, sollte langsam dämmern, dass dieser Weg nicht zuletzt in der Geschichte einen Untergang fand. Daher ist es auch weiterhin notwendig, Staatsführung und Religion strikt zu trennen.

Aber wie gesagt: Es bedeutet nicht, dass sich der Mensch deswegen den Glauben nimmt. Es bedeutet eben nicht, dass der Mensch sich in seiner Lebensführung christlicher Werte entledigt. Es bedeutet eben nicht, dass sich der Bürger von einer im Christentum definierten Moralvorstellung „befreit". Und es als besonders schick empfindet, voller Stolz herauszubrüllen, keiner Kirche mehr anzugehören. Hier geht eine Mehrheit der Menschen nämlich einen teuflischen Weg, weil sie sich in der modernen Selbstverwirklichung, die ja nur Egoismus bedeutet, des Sinns ihres Daseins berauben. Weithin sichtbar für alle, die sehen wollen, ist doch die Tatsache, dass die Beichtstühle in den Kirchen leer sind, die Ordinationen der Psychiater hingegen voll. Die ewige Suche des Menschen nach dem Sinn des Lebens bleibt also, sie wendet sich aber an andere Instanzen, diesmal auf Krankenschein und weniger auf Kosten des Kirchenbeitrages. Das hat natürlich mehrere Gründe. Jahrzehntelang wurde durch die Medien in Tateinheit mit linken Politikern und mit Unterstützung der Feigheit vorgeblich konservativer Gruppen der Eindruck erweckt, dass die Kirche ohnedies nur aus Kinderschändern bestehe. Jeder Priester sei ein Kinderschänder. Das Kreuz Christi sei nicht mehr Ausdruck der Qual des Gottessohnes, sondern das Symbol einer Sekte von Missbrauchstätern. Genüsslich haben vornehmlich linke Medien dieses Vorurteil tradiert. Unter dem lauten Schweigen jener politischen Kräfte, die für Aufklärung und Wahrhaftigkeit der Debatte hätten sorgen können. Jener Altarwanzen, die zwar sonntags zur Besänftigung ihrer katholischen Wähler in der ersten Reihe der Gebetsbänke weit sichtbar für das gläubige Volk saßen, aber keinerlei Mut aufbrachten, eine Debatte der intellektuellen Redlichkeit zu führen. Nämlich jenes Faktum einzuwerfen, dass Missbrauch eine Geißel der Menschheit ist, aber der Hauptteil dieser Schande im familiären Umfeld und in den staatlichen Einrichtungen stattfindet und die Kirche, genauso wie alle anderen Vereine und Verbände, die in der Jugendarbeit tätig und hierarchisch gegliedert sind, gleichermaßen davon betroffen ist. Hier geht es nicht um eine Relativierung der Schande, sondern vornehmlich darum, unlautere und pauschalisierende Angriffe, die doch nur das Ziel der Vernichtung des Glaubens haben, abzuwehren.

Nun haben wir die Situation, dass große Teile der gegenüber den Medien gutgläubigen Bevölkerung so lange mit Schreckensnachrichten berieselt wurden, dass die Mehrheit der Gesellschaft der Meinung ist, dem Katholizismus nicht mehr angehören, die Werte des Christentums nicht verteidigen, nicht an die nächste Generation weitergeben zu wollen. Ein weiterer Grund für diese neue Säkularisierung, die die Entfernung des Menschen vom Glauben bedeutet, ist die Schwäche der Kirche, genauer: ihrer führenden Vertreter im Bischofsamt selbst. Es gibt keinen Ehrgeiz mehr, die Inhalte des Christentums zu predigen, sie auch gegen den Widerstand des um sich greifenden Egoismus zu verteidigen. Ein Großteil der Priester arrangiert sich mit dem Zeitgeist, schwimmt auf der Welle der Realität einer sich neu abseits des Glaubens bildenden Gesellschaft von glaubensbefreiten, perfekten Untertanen mit. Und die meisten sind froh, dass sie wenigstens noch für Taufen und Begräbnisse bestellt werden. Gerade dass sie sich noch nicht dafür bedanken, den Segen spenden zu dürfen. Die wenigsten Priester sind nach außen hin noch als solche sichtbar. Der Talar als Berufskleidung der Priester ist eine wahre Rarität im Straßenbild geworden. Selbst Bischöfe verstecken ihr Brustkreuz, um Anders- oder Nichtgläubige nicht mit dem Zeichen Christi zu verschrecken oder sie gar zu provozieren. Ein Beispiel der jüngeren Geschichte war doch der Erzbischof von München, Kardinal Marx, der beim Besuch des Tempelberges in Jerusalem sein Brustkreuz abnahm. Während also Christus sein Kreuz durch Jerusalem am Rücken führte, nehmen seine Nachfolger die leichtere Variante aus Gold oder Silber einfach ab.

Mut war noch nie eine besondere Stärke des schleißigen Bodenpersonals, dessen sich unser Gott bedient. Da braucht sich doch niemand zu wundern, dass die eingetragenen Kirchengläubigen in Scharen davonlaufen, wenn die eigenen Bischöfe nicht mehr zu den sichtbaren Symbolen des Glaubens stehen. Um diese Symbole geht es ja auch in der leidigen Kreuzdebatte. Das Kreuz Christi soll in den öffentlichen Einrichtungen der jeweiligen Behörden abgenommen werden, darf nicht mehr sichtbar sein. In den Schulen, in den Kindergärten, in den Amtsgebäuden wird bereits darauf geachtet, dass das Symbol unseres Glaubens und damit unserer Identität keine optische Störung darstellt. Wenn die Symbole dieses einst alles erfassenden Glaubens verschwinden, verschwindet langsam, aber sicher auch der Glaube selbst. Es geht Hand in Hand. Und ein um den Glauben erleichterter Bürger ist ein perfekter Untertan, dem man anstelle des Glaubens und dessen moralischer Grundsätze eine andere Doktrin oder einen anderen Glauben, zumindest aber die Vorstellungen der politischen Eliten injizieren kann. An die Stelle des Christentums tritt entweder die Hörigkeit gegenüber den Wahrsagungen der Politik, einer Regierung, die andere Ziele als die Bewahrung der Identität und deren Fundament hat, oder eben der missionarisch geführte Islam, die Religion jener, die man im Zuge der Massenzuwanderung zur Tilgung des Nationalbewusstseins ins Land holt. Und damit sind wir beim nächsten Grund, warum immer mehr Menschen guten Gewissens ihrer Religion und den damit verbundenen kirchlichen Einrichtungen den Rücken kehren.

Eine Religion, die ihre über Jahrtausende bewahrten Grundsätze nicht mehr lebt, nicht mehr artikuliert, nicht mehr verteidigt, sondern in den Hintergrund rückt, weil man eben tolerant sein will, ist zum Scheitern verurteilt. Der Mensch braucht Halt, der Glaube und die darin vermittelten, durchaus humanistischen Grundsätze gehen verloren. Glaube bedeutet eben nicht Einengung, sondern Sinn und damit Freiheit. Eine Freiheit, die nicht mit Egoismus verwechselt werden darf, sondern eine Freiheit, die Solidarität mit den Mitmenschen, Empathie, Hilfsbereitschaft und Dienst an der Sache und am Land bedeutet. Denn die Folge eines Glaubensvakuums ist, dass an die Stelle des Christentums eine andere Religion tritt. Der Mensch sucht eben, und wenn ihm das Christentum mangels Vorhandensein keine Antwort mehr bietet, sucht er sich andere Vehikel, um sein seelisches Glück zu finden. Die Hingabe an alternativen Klamauk beispielsweise, der mit unserer gewachsenen Identität nichts zu tun hat. All dies wird getilgt. Durch Fehler der eigenen Führung der großen Religionsgemeinschaften des Christentums, durch eine Politik, die althergebrachte gute Werte verdammen will, und durch neue Formen des Glaubens, die sich mit den Völkerwanderungen zu etablieren beginnen. Einerseits ist es die Beliebigkeit der Kirche selbst, die durch einen Kampf zwischen dem konservativen und dem progressiven Lager sichtbar wird. Andererseits ist es ein von *woken*

Medien und Politik angezettelter Krieg gegen den Glauben und damit unsere Kultur. Der gläubige Mensch mit all seinen Widersprüchen und Fehlern ist ja von Natur aus konservativ. Er glaubt einer Geschichte, die immerhin 2000 Jahre alt ist und auf einer älteren Geschichte aufbaut, die nochmals einige Jahrtausende am Buckel hat. Konservative Menschen sind linken und progressiven Kräften ein Dorn im Auge. Konservative bewahren, sie widersprechen, sie wollen an Althergebrachtem festhalten. Linke und Progressive wollen auf Teufel komm raus um der Veränderung willen verändern, erneuern. Nur: Den Glaubensgrundsatz des Alten Testamentes, „Du sollst nicht stehlen", kann man nicht verändern, wenn man nicht am Grundsatz einer friedlichen Gesellschaftsordnung rütteln will. Den in den Zehn Geboten festgeschriebenen Grundsatz „Du sollst nicht töten" kann man eben nicht reformieren, wenn man den Weg der Achtung des menschlichen Lebens nicht verlassen will. Ich will jetzt nicht die Abtreibungsdebatte führen. Aber: Passt es nicht einigen sehr gut ins Konzept, dass man den Wert eines menschlichen Lebens vom Anfang bis zum Ende nicht als oberste Prämisse unseres Daseins sieht, sondern selbst das Menschenleben relativierbar, der Wert je nach Zustand des Menschen zeitlich ab- oder eingegrenzt wird?

Ein perfekter Untertan hat sich nicht der Moral, nicht den Werten, nicht den Glaubengrundsätzen zu unterwerfen, sondern dient einer politischen Agenda, die gemäß ihrer Ideologie über wertes und unwertes Leben entscheidet. Da unterscheiden sich die heutigen Linken kaum von der Euthanasieideologie der verbrecherischen Nationalsozialisten. Heute definiert man unwertes und wertes Leben nach der jeweiligen Schwangerschaftswoche. Heute ist ein unwertes Leben ein leidendes Leben, das durch einen formlosen Akt der Selbstbestimmung im Rahmen der Sterbehilfe beendet werden kann. Wer bin ich, darüber zu urteilen, was eine schwangere Frau oder ein kranker Mensch entscheidet? Das ist eine schwere Frage, und natürlich wird es als Grenzüberschreitung empfunden, in die Freiheit von Menschen einzugreifen, wenngleich auch nur verbal. Aber ist es tatsächlich Freiheit, mit einem Kippschalter über Leben und Tod zu entscheiden? Nein. Ich bin ein Mensch, dem der Wert des freien Menschenlebens in all seinen Schattierungen am wertvollsten ist. Das unterscheidet mich von jenen, die glauben, der Mensch sei nur eine manövrierfähige Masse, die dem Wirtschaftswachstum, dem Zeitgeist, einer politischen Ideologie oder seiner Angst dient. Man sieht: Die Werte des Christentums, der humanistische Blick, die moralische Definition sind ein wirkmächtiger Krückstock jedes einzelnen Menschen, gut und mit anderen Menschen gemeinsam und in Frieden durch das Leben zu finden. Ein Glaube, eine Kirche, die mutig und frei diese Grundsätze des guten menschlichen Daseins predigt und verteidigt, die Bürgern Hoffnung gibt, die ein Leuchtfeuer durch die finsteren Momente des Lebens darstellt, ist für das Funktionieren einer freien Gesellschaft unerlässlich. Und wenn am Ende die Wirkung des machtvollen Baues einer jahrhundertealten Kathedrale nur jene ist, dass wir uns als Individuum gegenüber unseren Mitmenschen nicht zu wichtig nehmen, ist schon ein Schritt gelungen.

Die Kulturkrieger wollen das nicht. Sie sind beseelt davon, dass die Kirche als Hüterin der konservativen Wahrheit „verändert", in Wahrheit: abgeschafft gehöre. Der Mensch entscheidet relativ, ohne warnende und mahnende Instanz, die dann Alarm schreit, wenn wir die Werte des Menschseins verlassen. Diesen Kräften inner- und außerhalb der Kirche ist es im Laufe der letzten Jahrzehnte in Europa und den westlichen Staaten gelungen, eine weitere Art der „Säkularisierung" durchzuführen. Diesmal hat sich die Kirche nicht vom Staat getrennt, sondern viele Menschen vom Glauben. Dennoch suchen sie. Und finden, wie so oft, keine befriedigende Antwort, sondern nur die Bequemlichkeit, die das System uns als perfekten Untertanen lässt. 70 Prozent der Menschen sind auch ehrlicherweise nicht daran interessiert, eine Antwort zu finden. Sie wissen, es fehlt ihnen etwas. Die Antwort suchen sie auf der Couch, im bereits erwähnten Trainingsanzug, mit den Chips und dem Netflix-Abo. Sie wissen, irgendetwas fehlt. Sie können es aber nicht definieren. Es ist eben das Schicksal des perfekten Untertans.

Gesellschaft

Noch nie in der Geschichte der Menschheit war unsere Gesellschaft so scheinbar frei. Immer war der Mensch über die Jahrtausende Untertan. Entweder dienten wir absolutistisch herrschenden Monarchen, Kriegsherren, Kirchenfürsten, Autokraten oder Diktatoren. Europa und die westliche Welt sind gegenwärtig demokratisch bestimmt. Und in dieser Staatsform, die – wie einige richtig bemerkten – trotz ihrer Fehler die beste ist, bestimmt der Bürger, ist der Staatsbürger der Souverän. Winston Churchill sagte einst: „Die Demokratie ist die schlechteste aller Staatsformen, ausgenommen alle anderen."

Die Gesamtheit eines Staatsvolkes bestimmt also die Staatsführung, die auf Basis der Wünsche des mehrheitlichen Staatsvolkes im Rahmen der repräsentativen Demokratie zu agieren hat. So wäre zumindest die in der Verfassung verschriftlichte Idee der bei uns in Österreich und Deutschland vorherrschenden Form der Demokratie. Und tatsächlich: Wir dürfen frei entscheiden, ob wir uns bilden oder nicht. Wir dürfen entscheiden, ob wir Erfolg haben wollen oder nicht. Wir dürfen selbst entscheiden, ob wir uns an die Gesetze halten oder nicht. Wir dürfen nach der geltenden politischen Unheilslehre sogar jeden Tag aufs Neue entscheiden, wer wir sind. In Deutschland sitzt im Bundestag ein Mann, der eigentlich eine Frau sein will. Das ist an sich nicht das Problem, denn der bloße Wunsch schafft keine Realität. Er ist keine Frau, er sieht auch nicht aus wie eine Frau, er spricht nicht wie eine Frau, er geht auch nicht wie eine Frau. Gut, er kleidet sich wie eine Frau, wie eben der Eingebildete in „Des Kaisers neue Kleider" sich in Gold gewandet glaube und dennoch in der für alle anderen sichtbaren Realität nackt war. Und diesem Märchen von der Einbildung entsprechend besteht auch der nunmehr vorherrschende Zeitgeist einer Minderheit darauf, dass dieser Mann eine Frau sei. Zugegeben, weder als Frau noch als Mann ist die betreffende Person ein besonders hübsches und geistig herausforderndes Exemplar menschlichen Daseins. Ganz im Gegenteil. Eigentlich wäre es egal, wie er sich definiert. Da war die eine oder andere Ruine in Dresden nach 1945 schon allein optisch ansprechender. Aber um das geht es ja nicht, das Auge wählt schon lange nicht mehr mit.

Wir sind also so frei, uns über Naturgesetze und die Realität unseres Daseins hinwegzusetzen. Wir sind so frei, uns binnen eines Jahres bar jeglicher medizinischen Fakten und Vernunft zu entscheiden, ob wir Hund, Katze, Frau, Mann, Wasserhydrant oder Blumentopf sein wollen. Neben dieser Scheinfreiheit, sich selbst jeden Tag aufs Neue fernab jeglicher Realität zu definieren, ist tatsächlich problematischer anzusehen, dass diese selbstschöpferischen Wesen auf das Recht pochen, von anderen Mitbürgern so gesehen zu werden, wie sie selbst es jeweils wollen, aber nicht sind. Es reicht eben nicht, das biologische Faktum selbst zu bestimmen, man will auch in seiner Scheinwelt mit vollen Rechten ausgestattet werden. Nehmen wir ein Beispiel, um zu zeigen, wie wir uns das Leben mit diesen unnötigen Orchideendebatten noch schwerer machen: Jetzt haben wir in Österreich ein Pensionssystem. Dieses unterscheidet das Pensionsantrittsdatum zwischen den beiden Geschlechtern. Frauen gehen früher in Pension als Männer. Herr Kirschenkern Karli, wohnhaft in Hinterscheißklabberbach am schiefen Laternenmasten, ist 59. 40 Beitrags-, also Arbeitsjahre hat er am Buckel. Zu seinem Sechziger entscheidet er sich – zum Leidwesen seiner Frau Erni Schmauswaberl –, in Zukunft als Frau gesehen zu werden. Er ändert seine Personenstandsdaten, bekommt eine neue Identität und heißt in Zukunft Chantal Kirschenkern. Darf Kirschenkern Chantal mit 40 Beitragsjahren als Frau in Pension gehen, oder ist der biologische Mann Karli dazu verdammt, 45 Beitragsjahre vor Pensionsantritt ins System einzuzahlen?

Für Aufregung anderer Natur sorgen biologisch geborene Männer in der Sportwelt. Als Männer schaffen sie es nicht an die Spitze ihrer jeweiligen Disziplin. Dann definieren sie sich wenig überraschend als Frau, nehmen an den ausschließlich Frauen vorbehaltenen Sportveranstaltungen teil und siegen über alle neuen Geschlechtsgenossinnen. Wie fühlen sich dabei eigentlich all die linken Feministinnen, die ihr Leben der Geschlechtergerechtigkeit geopfert haben? Eine verrückte Welt, in der sich täglich viele Menschen fragen, wo man den

Stecker endlich ziehen kann. Ich für mich habe längst entschieden, dass die Zukunft als Hund die beste ist. Denn wenn das System es mit seiner Selbstbestimmung ernst meinen würde, würde ich als Hund von der Einkommensteuer befreit sein und nur mehr fünf Euro an Hundesteuer meiner Hauptwohnsitzgemeinde löhnen. Wir sind so frei und tolerant, dass Transvestiten in Kindergärten sitzen und bass erstaunten kleinen Kindern Geschichten vorlesen. Nichts gegen Travestie, das ist eine durchaus ansprechende Kunstform. Diese gehört auch gewahrt und gegenüber Angriffen verstockter Mitbürger aller Art verteidigt. Aber diese Kunstform ist keine Realität und das Spiel mit den Geschlechtern keine Debatte, mit der sich ausgerechnet Fünf- bis Siebenjährige auseinanderzusetzen hätten. Der Linke könnte nun einwenden, dass dank unseres Bildungssystems ohnedies jede Elfjährige bereits ihren ersten Geschlechtsverkehr erlebe. Wollen wir das? Wollen wir die Frühsexualisierung unserer Kinder tatsächlich? Wollen wir, dass Menschen, die sich über ihr eigenes Geschlecht selbst nach dem Blick zwischen die Beine nicht sicher sind, die Erziehung unserer Kinder als verletzlichste Wesen unserer Gesellschaft übernehmen? Wollen wir, dass Menschen, die sich *de facto* mehrheitlich dafür entschieden haben, selbst keine Kinder zu wollen, die Aufklärung unseres Nachwuchses übernehmen? Nein, die Vernunft und weniger die Moral sagen uns, dass dies die zeitgeistigen Pflastersteine auf dem Weg in eine Hölle von schwer psychisch kranken und für ihr Leben gezeichneten Menschen sind.

Es hat nichts mit ideologischem Konservatismus zu tun, sich gegen diese zerstörerische Entwicklung zur Wehr zu setzen. Der Widerstand gegen eine solche, aus allen Ufern geratene scheinfreie Gesellschaft ist ein Akt der Vernunft. Aber vielleicht will jenes System, das uns Freiheit vorgaukelt, eben schlichtweg keine vernünftigen Menschen. Vielleicht stünde dies im Widerspruch zu Politikern und Globalisten, die in uns nur manipulierbare Steuerzahler und Konsumenten zur Stärkung des Wirtschaftswachstums, also die perfekten Untertanen sehen. Wir sind so frei wie noch nie. Glauben wir! Aber es ist die Scheinfreiheit des perfekten Untertans. Der glaubt zwar, frei zu sein, aber darf seine Freiheit nur in jenem Ausmaß konsumieren, wie es eine höhere Elite für ihn vorsieht und begrenzt. Um den Irrsinn dieser Entwicklung noch besser darzustellen, geben uns die Akten der heiteren Bezirksgerichte einen humoresken Einblick: Ein Mann vergewaltigt eine Frau, das ist traurig. Das soll leider vorkommen. Und dank des Imports frühtestosterongesteuerter „unbegleiteter Minderjähriger" mit zwei Metern Körpergröße und der Bartlänge Andreas Hofers kommt das ist den letzten Jahren vermehrter vor, als uns lieb ist. Ja, die Sexualdelikte sind proportional zum Anwachsen der Zuwanderung seit 2015 gestiegen. Und das ist keine „rechtsextreme" Verschwörung, sondern die mathematische Darstellung statistischer Fakten. Der Mann, also der/die/das TäterIn, wird wenige Wochen nach der Tat gefasst. Bevor noch der Prozess beginnt, definiert er sich auf Anraten eines schlauen Rechtsanwaltes als Frau und lässt seine Urkunden von einem Staat, der sich selbst, das Recht und die Fakten nicht mehr ernst nimmt, ändern. Der Staat macht gefällig mit, weil es ideologisch so gewollt ist. Der Täter wird verurteilt, die Strafe sitzt er als selbst definierte Frau im Frauengefängnis ab. Ich meine, ein schöneres Geschenk kann der Rechtsstaat keinem männlichen Vergewaltiger machen, als dass der als mutierte Frau in der Frauensauna der Justizvollzugsanstalt wieder ans Werk gehen kann. Ja, das gibt es. Solche Fälle kommen vor. Unlängst wurde in Deutschland ein Vergewaltiger fremder Herkunft mit einem milden Urteil belohnt. Er hatte zwar eine Frau vergewaltigt, war aber bis dato unbescholten. Der Richter attestierte ihm, nachdem es die erste Straftat dieser Art war, dass er ein Musterbeispiel einer gelungenen Integration sei. Auch das soll vorkommen und wird noch oft vorkommen. Es ist nicht nur die Legislative ideologisch *woke* verseucht, sondern dieser Zeitgeist der Scheinfreiheit hat auch von der Judikative Besitz ergriffen. Ein österreichisches Verfassungsgericht urteilte, dass die Vollverschleierung der Frau legitim sei. Aus reiner falsch verstandener Toleranz gegenüber extremistisch ausgelegten Vorschriften einer Religion lässt ein europäisches Gericht zu, dass Mohammed im 21. Jahrhundert in Wien-Favoriten seine gepeinigte Frau dazu zwingt, sich in aller Öffentlichkeit zu verschleiern. Und dieser Verfassungsgerichtshof (übrigens sind die Richter von Parteien entsandt) beschließt, dass auch junge Kindergartenmädchen in einem säkularisierten Rechtsstaat Europas verschleiert werden dürfen. Also: Man dreht das Rad zurück. All das, wofür Johanna Dohnal, Alice Schwarzer und ihre Mitstreiterinnen jahrzehntelang gekämpft haben, die Aufhebung der Diskriminierung der Frau, die Gleichstellung von Mann und Frau, wird über Bord geworfen. Es geht ab zurück ins Mittelalter. Kleine Kindergartenmädchen werden mit extremistischen Kleidungsvorschriften ihrer durchgeknallten Eltern konfrontiert und der Staat sieht dabei hilflos zu. Nein, er sieht nicht zu. Er will es so. Denn diese Entwicklung passt ja wie die Faust aufs Auge zu jenem Versuch, all die Anstrengungen für Freiheit rückgängig zu machen. Manche zeitgeistige, progressive Linke erkennen bereits, dass auch sie ihre erkämpften Freiheiten verlieren werden, wenn die Eliten ihren Plan vom perfekten Untertan vollends umsetzen.

Solche Meldungen veranlassen kritische Menschen dazu, in der nunmehr offenbar freien Gesellschaft, die in ihrem Ergebnis eher Freiheit raubt, die Summe des Wahnsinns zu erkennen. Zu Recht. Denn der Wahnsinn kennt keine Grenzen, wir leben in einer verrückten Gesellschaft, in der wir eben nicht frei, sondern geschundene Geiseln von Idioten sind. Aber wir merken es nicht, denn solange noch irgendwie das Essen mittags am Tisch steht, sich einmal im Jahr ein Urlaub ausgeht, das abendliche Bier gekühlt am Tresen steht, ist für die mehrheitliche Masse unkritischer Menschen die heil geglaubte Welt in Ordnung. Manchmal werden sie stutzig, die Schlafschafe. Wenn zum Beispiel vor 30 Jahren in den Freibädern noch der Twinnie, die in Fett getränkten Pommes frites und im Radio Bonnie Tyler den feuchten Sommertraum versüßten, aber heute Polizisten dafür sorgen müssen, dass kulturbereichernde FKK-Anhänger nahöstlicher Tradition nicht ihr Gehänge jeder jungen Frau ins Gesicht drücken oder alkoholgeschwängerte Mitglieder aus Ländern einer an sich Alkohol verbietenden Religion außer Rand und Band zu Massenschlägereien aufrufen, dann dämmert es dem bequemen Untertanen. Ja, irgendetwas ist anders. Waren es noch vor Jahrzehnten die Polizisten an den Grenzen der Urlaubsparadiese, die uns mit ihren Passkontrollen den Sprung in die Adria stundenlang verzögerten, sind es nun dieselben Polizisten, die zwar nicht mehr an den Grenzen, aber dafür in den Freibädern und auf den Weihnachtsmärkten für die Sicherheit einer sicherheitsbedürftigen Minderheit sorgen müssen. Der bequeme und perfekte Untertan war einst glücklich und konnte es kaum erwarten, dass innerhalb Europas die Reisefreiheit Realität wurde, die Zäune abgebaut wurden, die Grenzbalken hochgingen. Spätestens als Angela Merkels Reisebüro der staatlich angeordneten Anarchie ab 2015 unter dem Urlaubsmotto „Wir schaffen das" den transkontinentalen Tourismus ankurbelte, war zumindest bei 30 bis 40 Prozent der Bürger die Freude ob der Segnungen grenzenloser Freiheit aus. Übrigens haben die herrschenden Politiker aus den 2015er-Segnungen bis heute nichts gelernt. Ganz im Gegenteil, der Wahnsinn wird sogar noch gefördert, mit Steuergeld finanziert. Denn die Vorgabe lautet ja, das Zusammengehörigkeitsgefühl eines Staatsvolkes, das sich in einem Staatsgebiet, also einer Nation wiederfindet, zu zerstören. Daher finanziert die deutsche Bundesregierung die Schlepperboote im Mittelmeer. Nicht direkt, das wäre zu auffällig. Stattdessen in Form der sogenannten Rettungsmissionen europäischer NGOs, die den Schlepperbooten und der Sonne entgegen auf halbem Wege die armen Hascherl aller Länder der Welt aufnehmen und sie nicht ans nächstgelegene Festland Nordafrikas, sondern direkt auf die vorgelagerten italienischen Inseln des sozial mildtätigen europäischen Kontinentes schippern. Von dort geht es in eines der italienischen Flüchtlingslager, wo man eben so lange wartet, bis ein deutscher oder österreichischer Politiker eine europaweite Verteilungsquote vorschlägt und man damit direkt ein Ticket in die Sozialsysteme mitteleuropäischer Länder bekommt. Nachdem es sich bereits bis an den Hindukusch herumgesprochen hat und mit Mitteln der europäischen Entwicklungszusammenarbeit auf mehrsprachigen Handzetteln auch durch die sogenannte Dritte Welt an Wanderungswillige gereicht wird, dass Europas Asylindustrie in einer solchen Abfolge funktioniert, machen sich immer mehr Menschen auf den Weg, um Europas perfekte Untertanen zu bereichern. Und solange das Glückskind nicht gleich in der unmittelbaren

Nachbarschaft aufschlägt, scheint es auch viele noch nicht so zu stören.

Denn viele denken ja nicht daran, welche gesellschaftliche Sprengkraft eine zügellose Zuwanderung in die sozialen Netze hat. Viele leben nach dem Florianiprinzip: „Heiliger Sankt Florian, verschon mein Haus, zünd andere an!" Wir sehen, der heutige Krieg gegen Menschen wird anders geführt. Nicht unmittelbar mit Waffen, sondern mit Bevormundung, Manipulation, der Verkehrung der Realität, der Unterwanderung und schleichenden Entrechtung, dem Raub der Meinungsfreiheit, einer neu definierten Morallehre abseits jeglicher Vernunft. Es ist eine hybride Kriegsführung, sie richtet sich gegen unsere Freiheit, gegen unsere Gesellschaftsnormen, gegen Fakten, gegen die Identität, gegen die Sprache, gegen die Kultur. Sie will alles tilgen. Sie tilgt auch das Gesellschaftsbild der Familie und damit die Keimzelle eines funktionierenden Staates. Familienleben ist heute verpönt, es wird als unmodern und reaktionär angesehen. Dazu passt das vermittelte neue Gesellschaftsbild des individuellen Egoismus wunderbar. War einst die Familie jener kleine Kreis einander zugetaner Menschen, die miteinander in einer Solidarität lebten, bevor das Wort Solidarität ideologisch missbraucht wurde, herrscht heute die Selbstverwirklichung des Individuums, dem man vorgaukelt, dass es ohne die Wurzel seines Daseins, also die Familie, einfach besser lebe. Wir sehen, die Familien driften auseinander. Und vor allem im großstädtischen Bereich ist diese Entwicklung unumkehrbar. Das Ende der Familie zugunsten des Egoismus bedingt, dass im Übrigen auch immer weniger Kinder gezeugt und geboren werden. Helmut Schmidt, deutscher SPD-Kanzler, bemerkte einst in der Sendung „Standpunkte" der „Neuen Zürcher Zeitung" richtig, dass man die Debatten um den Bevölkerungszuzug nicht bräuchte, wenn man statt des von Eliten verordneten Egoismus wieder politisch dazu fände, die Geburt von durchschnittlich 2,3 Kindern pro Familie zu fördern, Anreize zu setzen. Und er ging sogar noch einen Schritt weiter: Ausgerechnet der Sozialdemokrat machte den Feminismus, den Egoismus, den freiheitsvernebelnden Wohlstand für diese die Bestandserhaltung einer Bevölkerung vernichtende Situation verantwortlich. Ja, der ausgewiesene Sozialdemokrat sprach von „Bestandserhaltung"! Übrigens, Helmut Schmidt war auch jener, der bereits 1973 feststellte, dass Deutschland kein Einwanderungsland sein dürfe. Viel später konkretisierte er, dass die Zuwanderung von verwandten Zivilisationen innerhalb Europas kein Problem darstelle, aber die von Merkel und Co. betriebene transkontinentale Zuwanderung kulturfremder Entwicklungsländer nur Probleme schaffe. Er war ein weißer Mann, der über die Mauern seines ideologischen Fundamentes hinausdachte und durch seine Erfahrung erkannte, in welche selbstzerstörerische Epoche der Scheinfreiheit wir wandern.

Natürlich tilgen wir unsere Familien, wir tilgen auch das „Bestandsvolk". Und es ist keine rechtsextreme Schlussfolgerung, darin den „Austausch" eines historisch gewachsenen Staatsvolkes zu sehen. Wenn die Ursprungsbevölkerung zu wenige Kinder bekommt, die Sterberaten höher als die Geburtenraten sind, der Egoismus und der Wohlstand die Familienverbände zerstören, die Zuwanderung ungebrochen stattfindet, werden halt in Zukunft in München Menschen leben, die mehr Verbindungsfäden an den Hindukusch als ins bayerische Oberland haben. Die Frauen vom Hindukusch gehen wenigstens locker als neue oberbayerische Sennerinnen durch, deren zwanghafte Selbstverhüllung in Schwarz dazu dient, dass die Milch der Kühe beim Anblick der neuen Facharbeiterinnen nicht sauer wird. Auch mit Humor lässt sich jener Entwicklung der Zerstörung des eigenen Fundamentes gesellschaftlichen Zusammenlebens locker begegnen. Die bereits beschriebene hybride Kriegsführung gegen uns schreitet ungebrochen voran. Die durch europäische Politiker ausgelösten Wanderungsbewegungen wirken wie ein Turbo und tragen hierzu bei, wie auch die immer wiederkehrenden Debatten um die politische Korrektheit und die zwanghafte Etablierung eines *woken* Gesellschaftsbildes. Viele fragen, ob ein großer Plan dahinterstecke. Es geistern die Schlagworte des „Great Reset" herum, eines universell angedachten neuen Gesellschaftsplanes des WEF-Chefs Klaus Schwab. Dieser sammelt die Eliten der Welt einmal im Jahr im schweizerischen Davos um sich. Das erklärte Ziel ist die „Verbesserung der Welt". Was dahintersteckt, hat aber weder etwas mit „gut“ noch mit „besser“ zu tun. Sondern es ist der Versuch, aus der Masse der Weltbürger perfekte Untertanen zu machen. Schwab und Co. geht es keineswegs um Friede, Freude, Eierkuchen. Diese Kreise zielen auf Wirtschaftswachstum ab, und das einzelne Individuum ist Mittel zum Zweck. Es liegt ja schon im Namen eines Weltwirtschaftsforums, dass es nicht darum geht, die Gesellschaft zu bewahren, an ihrer Verbesserung zu arbeiten, sie vor Gefahren aller Art zu beschützen. Es geht darum, im Interesse einer aus allen Rudern geratenen globalisierten Wirtschaft aus dem noch nicht gänzlich willfährigen, sondern kritischen und in der Minderheit bestehenden widerspenstigen Gallier einen Weltbürger mit der ausschließlichen Verpflichtung, guter Konsument zu sein, zu machen. Das ist Kommunismus, nur unter anderen Vorzeichen. Das ist genau jenes Menschenbild, das von Lenin und Marx vertreten und von Stalin perfekt umgesetzt wurde. Es ist der namenlose Mensch, der dem Kollektiv zu dienen hat. Jeder an seiner Stelle, jeder uniformiert, jeder gesichts-, heimat-, identitätslos. Das ist das wahre Ziel jener, die glauben, sich über die Masse der Menschen und das demokratische Fundament der einzelnen Staaten erheben zu können.

Es ist das gute alte Führerprinzip. Eine kleine Minderheit von selbst installierten Staatenlenkern ohne Legitimation, Amt und Kontrolle weiß hinter verschlossenen Tapetentüren in Davos, was für das Volk gut sein soll. Das Gleiche spielt sich übrigens auch bei einem gewissen George Soros ab. Auch er gehört zu den sogenannten Weltverbesserern, die zwar keinerlei Legitimation haben, aber konkret in demokratische Entscheidungen souveräner Staaten eingreifen wollen. Soros ist überhaupt ein Problem. Durch seine Abstammung wird jede Kritik an ihm automatisch als Antisemitismus gebrandmarkt. Erinnerlich ist mir diesbezüglich ein heiteres Abendessen mit einem führenden Mitglied einer europäischen Kultusgemeinde, der Soros selbst massiv kritisierte und bestätige, dass Kritik an dieser Person selbst in der Mehrheit der jüdischen Gemeinden nicht als Angriff auf das Judentum wahrgenommen werde. Soros finanziert weltweit all jene Organisationen, die sich gegen politische Bewegungen stellen, die um die Bewahrung der Identität ringen. Viktor Orbán ist ungarischer Ministerpräsident. Unter seiner Ägide entwickelt sich Ungarn prächtig. Die Kriminalitätszahlen gehören zu den niedrigsten in Europa, die Zuwanderung liegt *de facto* bei null. Ethnische Auseinandersetzungen gibt es nicht, die Gesellschaft ist nicht gespalten. Während Juden in Europas Hauptstädten täglich durch das Minenfeld rechts- wie linksextremer Antisemiten oder religiös motivierter Hamas-Versteher manövrieren müssen, lebt und prosperiert die Kultusgemeinde in Budapest ungemein. Wer Ungarn über die letzten 40 Jahre beobachtet hat, weiß, dass sich wirtschaftlich vieles zum Besseren entwickelt hat. Orbán ist ein Liberalkonservativer. Von Soros und dessen Organisationen wird er bekämpft. Warum? Weil er als Konservativer natürlich jene Identität, Kultur und Heimat des einzelnen Ungarn bewahren will, die ein Soros in der globalisierten Gleichmacherei am besten gestern tilgen wollte.

Jetzt kann man in der politischen Debatte unterschiedliche Standpunkte haben, das gehört zur Demokratie. Aber ausgerechnet dieser Herr Soros ist durch keinen Staat, durch kein Staatsvolk, durch keine Wahl jemals legitimiert worden, in politische Prozesse souveräner Staaten einzugreifen, souveränen Staaten eine politische Agenda vorzuschreiben. Wir erleben hier die Diktatur des Geldes, die glaubt, auf Judikative, Exekutive und Legislative unverschämt zugreifen zu können. Weder Soros noch Schwab noch andere niemals legitimierte Personen sowie Institutionen haben das Recht, sich über die demokratische Entscheidung von Bürgern und die Gremien der repräsentativen Demokratie eines Staates zu erheben. Und der entschiedene Widerspruch dagegen, den ich auch in diesem Buch darlege, hat nichts mit einer abstrusen oder konstruierten Verschwörungstheorie, sondern mit der aufrichtigen Liebe zur Demokratie und der Entscheidung einzelner Bürger zu tun. Es geht eben um diesen Krieg, an dessen Ende der einst freie Bürger als perfekter Untertan steht, der in das Korsett einer am Reißbrett entwickelten neuen Gesellschaft gezwängt wird. Gegen diese Fantasien muss man sich zur Wehr setzen. Denn eine Gesellschaft entwickelt sich eben nicht autokratisch verordnet, sondern im freien Wettbewerb freier, mündiger, kritischer und gebildeter Geister. Keine verordnete Gesellschaft hat jemals funktioniert. Blicken wir doch in die Diktaturen der Vergangenheit, in denen ein Gesellschaftsbild mit Gewalt verordnet wurde!

Krieg und Klimawandel

Gefährlich für die Eliten wird es nur dann, wenn sich der volle Brotkorb des perfekten Untertans langsam leert, also die um sich greifende Inflation als Ausfluss einer verrückten Außen-, Umwelt- und Klimapolitik das Einkommen zum Auskommen schmälert, massiv einschränkt, der Lebensunterhalt rationiert wird, sich der gewohnte Wohlstand reduziert. Also wenn selbst den Leistungsträgern, jenen Arbeitgebern und Arbeitnehmern, die das volle Risiko im Leben tragen und täglich ihrer Arbeit nachgehen, das erarbeitete Geld regelrecht durch die Finger fließt. Dann wird es schwierig, dann wird es brenzlig.

Es ist mittlerweile für jeden spürbar, dass in den letzten Jahren seit 2020 sich die Preise der meisten Güter des Alltages verdoppelt haben. Wir reden nicht von Kaviar oder Champagner – Mehl oder Kartoffeln, Fruchtsäfte. Alles ist teurer geworden. Allein in den letzten zehn Jahren sind die Mietpreise um 70 Prozent gestiegen. Von den enormen Preisschwankungen im Energiesektor ganz zu schweigen. Der Weg in den wirtschaftlichen Abstieg, in die Zerstörung europäischen Wohlstandes, in die Deindustrialisierung, die Inflation und darauffolgende Rezession war selbst für Blinde absehbar. Europas Länder haben ihren seit Jahrzehnten bestehenden Wohlstand auf günstiger Energie aufgebaut. Die Österreicher durch die in frühen Sowjetzeiten mit Moskau geschlossenen Gasverträge, die Deutschen ihrerseits durch Energieverträge mit Russland und durch die Atomkraft. Die Gasliefervertäge hielten Jahrzehnte, selbst am Höhepunkt des Kalten Krieges und der Polarisierung zwischen Ost und West wurden sie nie gelöst. Zu groß war auf beiden Seiten trotz ideologischer Unterschiede der Wunsch nach Sicherstellung der wirtschaftlichen Stabilität, als dass man diese aus Gründen übermoralisierender Außenpolitik über Bord geworfen hätte. Bei all der politischen Unterschiedlichkeit war in Österreich immer klar, dass ein großer Teil des Erfolges des Wirtschafts- und Industriestandortes, aus dem sich allgemeiner Wohlstand sowie ein ausgeprägtes Sozial- und Gesundheitswesen entwickelten, auf günstige und im Fall des Gases auch mehr oder minder saubere Energie zurückzuführen war. Und auch die Deutschen konnten durch die Atomkraftwerke auf Energie für die Wirtschaft und die Haushalte in schier unendlichem Überfluss zurückgreifen.

Zwei schwere, sogar in zeitlichem Zusammenhang stehende Todsünden beendeten diese Erfolgsgeschichte, die den Aufschwung nach dem Zweiten Weltkrieg gebracht hatte. Aufgrund der von den GrünInnen, aber auch Scheinkonservativen wie CDU und CSU im Nachhall der japanischen Fukushima-Katastrophe betriebenen Abschaltung der Atomkraftwerke in Deutschland wurde man eben von anderen, nun zu importierenden und teureren Energieformen abhängig. Gleichzeitig hat Europa Russland den Krieg erklärt. Nicht mit Waffen, denn, wie gesagt, das ist heute nicht mehr sehr nobel. Stattdessen versuchte man, Russland nach dem Kriegsbeginn mit der Ukraine wirtschaftlich in die Knie zu zwingen. Während also europäische Regierungen – rhetorisch bis zu den Zähnen bewaffnet – den Wirtschaftskrieg gegen Russland führen, die Energiemärkte dadurch vollkommen unkontrolliert einerseits als Kriegsgewinnler, andererseits aus einer durch vernünftige Geister prophezeiten Energieknappheit die Preise in die Höhe treiben, bricht in Europa der jahrzehntelange Pakt des sozialen Friedens. Der soziale Friede ist die Grundlage für das Funktionieren dieses Kontinentes. Absehbar war diese Entwicklung auch deswegen, weil in der ersten Emotionalität nur die wenigsten erkannten, dass Europa energiepolitisch immer abhängig gewesen war. Das liegt an unserer geografischen Situation, die bis auf nennenswerte Vorkommnisse von Kernöl in der österreichischen Steiermark kaum auf den Energiebedarf Europas befriedigende Rohstoffvorkommen zurückgreifen kann.

Aber zurück zu diesem Krieg. Im Februar 2022 hat sich vollendet, was sich über Jahre angekündigt hatte. Der Konflikt zwischen Russland und den USA, und nichts anderes spielt sich in Europa ab, eskalierte in einem sinnlosen Morden an unschuldigen Bürgern, Soldaten und der Zerstörung von Infrastruktur. Mit diesem Krieg ist keiner Seite geholfen, dieser Krieg hat nur Verlierer. Ich habe in den ersten Wochen nach dem Einmarsch der russischen Armee in die Ukraine viel Unverständnis geerntet, als ich in unterschiedlichen Sendungen auf oe24.tv oder ServusTV diese Entwicklung auf eine Historie der gegenseitigen Provokationen zurückführte. Mir wurde die Relativierung der zu Kriegsverbrechen stilisierten Gewalt vorgeworfen. Als Putinsknechte wurden all jene tituliert, die sich für Frieden und Diplomatie und gegen den Krieg aussprachen. Da befand ich mich in guter Gesellschaft mit vielen anderen, die in den seltensten Fällen aus einer Russlandnähe heraus, sondern meist aus Gründen der intellektuellen Redlichkeit darauf hinwiesen, dass die NATO-Osterweiterung einen entscheidenden Anteil an diesem Konflikt hatte. Mit dem Zusammenbruch des Warschauer Paktes, dem Ende der Sowjetunion und der Wiedervereinigung Deutschlands wurde die Vereinbarung zwischen den USA und den damaligen Vertretern der UdSSR getroffen, wonach sich die NATO ostwärts nicht über den alten Grenzverlauf der DDR erweitern werde. Dieses Versprechen wurde nie eingehalten. Mit dem Beitritt der ehemaligen Staaten des Ostblocks zur NATO wurde Russland immer öfter damit konfrontiert, dass Pakttreue keine westliche Charaktereigenschaft ist.

2014 eskalierte die Situation das erste Mal, als Russland zur Sicherung seiner eigenen geopolitischen Hemisphäre die Krim annektierte. Putin ging es beileibe nicht darum, ausgerechnet die Krim zu besetzen, weil in Moskau noch Lieder vom Krimsekt gesungen werden. Putin wollte nach dem Aufstand am Maidan in Kiew sicherstellen, dass die Krim als einziger Zugang Russlands zum Schwarzen Meer und damit zur Schwarzmeerflotte nicht in die Hände eines NATO-hörigen Handlangers in Kiew fiel. So einfach kann Wahrheit sein. Und seitdem war der Konflikt zwischen Russland und den USA so explosiv wie Benzin. Zur Befriedung nicht unbedingt beigetragen haben die Provokationen der NATO, die in der Ukraine ein Beitrittsland sahen, und die Ukraine, die sich ihrerseits den Beitrittswunsch zur NATO in die Verfassung schrieb. Hat sich

John F. Kennedy bieten lassen, dass Nikita Chruschtschow auf Kuba Raketen gegen die USA stationierte? Nein. Sollte sich Putin bieten lassen, dass mittelfristig NATO-Raketen oder -Stützpunkte in der Ukraine stationiert würden? Nein. Und zwar mit dem gleichen Recht, mit dem die USA in der Kubakrise um ein Haar den Dritten Weltkrieg riskierten. Putin schrieb im November 2021 einen Brief an US-Präsident Joe Biden, in dem er um Klärung der Situation zwischen Russland und der Ukraine ersuchte. Dieses Schreiben wurde seitens der USA nicht einmal negiert, und dies war der willkommene Anlass für Putin, in die Ukraine einzumarschieren.

Ist Krieg ein Verbrechen? Ja. Sind Kriegsherren Verbrecher? Ja. Leiden Unschuldige unter diesem Krieg? Ja. Aber auch diese Feststellungen können nicht darüber hinwegtäuschen, dass die USA neben Russland und der EU einen gehörigen Anteil an dieser Eskalation hatten und am Ende alle Blut an ihren Händen tragen. Jeder Krieg ist ein Verbrechen. Und aus dem Kreis der ehrenwerten Kriegsverbrecher braucht sich niemand zu verabschieden. War es denn nicht ein Kriegsverbrechen, dass Hunderttausende unschuldiger Kinder und Frauen im Irak dahingemetzelt wurden, weil die USA mit einer gefälschten Giftgasampulle vor dem UN-Sicherheitsrat einen moralisch nicht zu rechtfertigenden Einsatz gegen Saddam Hussein begründet haben? Waren die Militärinterventionen der USA gegen Libyen, Syrien und eine große Anzahl weiterer Staaten moralisch gerechtfertigt? Nein. Sind in diesen Kriegen, die nicht von UN-Mandaten gedeckt waren, unschuldige Menschen gestorben? Ja. Wer also wie die USA, Großbritannien und Co. selbst im Glashaus der Kriegsverbrechen sitzt, sollte nicht mit blutigen Händen auf andere zeigen. Im Nachhall der ersten März-Tage entschloss sich Europa auf Zuruf der USA zu Sanktionen gegen Russland. Russen wurden aus EU-Staaten ausgewiesen, Europäer aus Russland ausgewiesen. Vermögen wurden in der EU eingefroren, Vermögen wurden in Russland eingefroren. Mittlerweile wurden seitens der EU mehr Sanktionspakete gegen Russland beschlossen, als zwei gesunde Hände Finger haben. „Wir müssen solidarisch sein, wir müssen den Gürtel enger schnallen. Nur dann werden wir Putin besiegen“, lauteten die

Durchhalteparolen aus Brüssel und Europas Staatskanzleien. Innerhalb des geografischen Europa tobte nun erstmals nach dem Balkankrieg wieder eine militärische Auseinandersetzung. Und die EU zettelte ihrerseits einen Wirtschaftskrieg an, obwohl es – trotz der Feststellung des Leidens unschuldiger Menschen – eben nicht unser Krieg ist. Kein EU-Land ist davon betroffen! Die Betroffenheit ergibt sich erst aus den Sanktionen, die getrieben von der US-Marionette Deutschland von allen Lemmingstaaten der Europäischen Union gegen Russland beschlossen wurden. Denn das Resultat ist tatsächlich die wirtschaftliche Vernichtung, aber nicht die des roten Iwan in Moskau, sondern die unserer eigenen Wirtschaft am Kontinent.

Und siehe da, dieser Krieg, der eigentlich zwischen Moskau und Washington tobt, hat zumindest jene Kraft, Europas Wirtschaft kaputtzumachen, den Wohlstand zu ruinieren, den sozialen Frieden zu zerstören. Aus Millionen von Europäern werden Almosenempfänger der jeweiligen Sozialsysteme. Denn mit den gestiegenen Energiepreisen gehen Betriebspleiten in allen europäischen Ländern einher, und die Arbeitslosenquote steigt nach Jahrzehnten des wirtschaftlichen Aufschwunges. Milliarden Euro Steuergeld wurden seitens der EU ohne die Zustimmung europäischer Bürger nach Kiew verschoben. Milliarden Euro wurden in den EU-Ländern für Rüstung ausgegeben. Und trotz dieses Kraftaktes, dieser Milliarden Euro, dieser Milliarden Waffenteile, dieser schier unerschöpflichen Solidarität in die Armut getriebener europäischer Bürger schafft die Ukraine keinerlei nennenswerten Bodengewinn. Russland hingegen wurde durch die Sanktionen in einen Wirtschaftskreislauf mit China, Indien und Pakistan getrieben, feiert im Gegensatz zu Europa einen Wirtschaftsaufschwung. Wir sind die nützlichen Idioten dieser Inszenierung. Es ist unsere Lebensader, die zerstört wurde. Mit dem Verlust des Wohlstandes tritt die Vernichtung der ökonomischen Freiheit einzelner Bürger ein. Die europäische Kriegswirtschaft macht aus einst unabhängigen, leistungsbereiten, ja selbstständigen Bürgern abhängige Menschen, die nur mehr durch Hilfspakete, Zuschüsse, Beihilfen und dergleichen überleben können. Eine

Form der Knechtschaft tritt ein, die nur ein Ziel hat: die Schaffung des perfekten Untertans, der nichts mehr zu sagen, nichts mehr zu denken und nur mehr flehentlich zu bitten hat.

Der Krieg in der Ukraine und die darauffolgenden Sanktionen sind der eine Teil des Zerstörungswerkes an Europa. Der andere Teil ist die um sich greifende Klimawandelhysterie. Seit Millionen von Jahren sind Lebewesen auf der Welt immer in der Lage gewesen, sich an die jeweiligen klimatischen Bedingungen anzupassen. Und der beseelte, selbstständig denkende Mensch hat im Gegensatz zur geistlosen Steinflechte ja tatsächlich das Talent, auf unterschiedliche Gegebenheiten zu reagieren. Die Wärmeperioden in der Weltgeschichte wurden durch Kälteperioden abgelöst. Und umgekehrt. Jedes Mal war der Mensch in der Lage, sich Lebensräume zu suchen, sich der immer in einem Wandel befindlichen Umwelt anzupassen. Bis ins 21. Jahrhundert ist ihm das gelungen. Paradox könnte man es nennen, dass ausgerechnet am Höhepunkt des menschlichen Erfindungsgeistes wir nun vor dem Klimawandel ängstlich in die Knie gehen und den Weltuntergang am Horizont regelrecht herbeisehnen. Die Inszenierung der Angst ist seit Jahren die gleiche: Gebt mir eure Freiheit, ich gebe euch das ewige Leben. Das ist auch das Motto der Klimawandelbewegung, wie schon zuvor die Coronisten den Bürgern die körperliche Unversehrtheit stahlen und sie in die Spritze zwangen. Die Angst frisst eben die Freiheit, daher wird der Mechanismus der Angst von den Zerstörern unserer Freiheit immer wieder bemüht. Das derzeit gültige Regiebuch sagt Folgendes: Wenn ihr den Klimawandel überleben wollt, dann macht das, was wir euch sagen. Die verheißene Rettung vor dem Weltuntergang wäre in diesem Fall die komplette Zerstörung unseres Wirtschaftssystems, unserer Industrie, unseres Wohlstandes.

Obwohl wir in Europa einen bescheidenen Beitrag zum weltweiten CO_2-Ausstoß leisten, ist es die Basis dieses offenbar weltweit verhassten Kontinentes, die dran glauben muss. Wegen der Angst, unter dem Klimawandel zu sterben, müssen wir auf unsere Entscheidungsfreiheit, wie wir zu leben haben, wie wir zu arbeiten haben, wie wir zu reisen haben, wie wir zu essen haben, wie wir zu bauen haben, einfach verzichten. Kommt

Ihnen das bekannt vor? Es ist die Planwirtschaft, die im Windschatten der Klimahysterie eingeführt werden soll. Als Begleitmusik dieser Entwicklung dienen die sogenannten Klimakleber. Sie sollen die Bürger jeden Tag daran erinnern, dass sie „Umweltsäue" sind. Und wenn man sich diese sich am Boden wälzenden Gestalten ansieht, wird man den Eindruck nicht los, dass wir in einer offenen Psychiatrie leben, wo die schwersten Fälle auf der Regierungsbank und der Nachwuchs auf der Straße klebt. Meine Mutter ermahnte mich in der Pflichtschulzeit in regelmäßigen Abständen: „Bub, schau, dass du lernst, sonst landest du auf der Straße!" Heute ist es *en vogue*, auf der Straße zu leben, zu kleben. Heute heiligt der Zweck die Mittel und wird der Kollateralschaden eines solchen Terrors pardoniert, wenn es um die „gute Sache" geht. Wenn Pkw die Autoreifen aufgestochen werden, Rettungskräfte aufgrund der Klimakleberstaus nicht zu Verletzten durchkommen, Hunderttausende unschuldiger Bürger täglich schikaniert werden, dient das einem höheren Zweck und wird als heroischer Akt der Weltrettung verklärt. Dass die Weltrettung der einzelligen Klimakleber darin besteht, den Ökokommunismus einzuführen, verschweigen Aktivisten wie Medien gleichermaßen. In der EU heißt das „Green Deal", bei Klaus Schwab nennt sich das „Great Reset", und für einigermaßen aufgeklärte Menschen tun sich die alten Ideen eines Karl Marx auf. An der oberen Spitze der Nahrungskette steht die entscheidende Elite, die „aus Sorge um das Leben der Menschen" in Zukunft sämtliche Bereiche des Lebens diktieren wird. Am anderen Ende dieser gesellschaftlichen Pyramide befindet sich die Mehrheit der kritiklosen Menschen, die hörig auf alle Rechte und Freiheiten verzichtet und nicht einmal bemerkt, welcher gesellschaftliche Wandel hin zur Autokratie sich vollzieht.

Wir können es Ökofaschismus nennen. Nicht die Menschen entscheiden über die Art und Weise ihres Zusammenlebens, sondern einzelne selbst ernannte Entscheidungsträger diktieren die künftige Lebensform der Menschheit. Unter dieser Prämisse findet ein Umbau unserer Wirtschaft statt. Der Umbau vollzieht sich insofern, als unsere Wirtschaft entweder am Kontinent stirbt oder nach China auswandert. Die deutsche Automobilindustrie ist der beste Beweis für diese schleichende Deindustrialisierung Europas. Jahrzehntelang war der „deutsche Verbrenner“, also der Verbrennungsmotor, das Aushängeschild der einst führenden G7-Industrienation. Mit der Einführung der Elektromobilität hat man zwar die deutsche Umwelt nicht geschützt, aber dafür die chinesische Elektroindustrie an die Weltspitze gehoben. Die Folge ist, dass Deutschlands Automobilindustrie samt der Zulieferbetriebe der Nachbarländer den Umstieg nicht überleben werden. Die Hunderttausende von Arbeitnehmern mutieren von finanziell unabhängigen Leistungsträgern zu Almosenempfängern der Arbeitslosenversicherungen. Im Klimawahn haben Europas Regierungen den Umstieg von fossilen Energieträgern auf erneuerbare Energieformen beschlossen. Der Umstieg bedeutet immer, dass der einzelne Bürger für seinen Energiebedarf das Doppelte, Drei- oder Vierfache zu löhnen hat. Die Industrie ihrerseits ist durch den Anstieg dieser Infrastrukturkosten nicht mehr wettbewerbsfähig. Am Ende dieser Entwicklung steht Armut, der soziale Abstieg der kontinentalen Population Europas. Der um seine Betriebe erleichterte Bürger trauert seinem Arbeitsplatz nach. Die Reaktion Europas auf den Krieg in der Ukraine einerseits, die Klimawandelhysterie andererseits zerstören die Lebensgrundlage des Kontinentes. Am Ende bleibt der perfekt Untertan. Er ist arbeitslos, in seiner Entscheidungsfreiheit nicht nur eingeschränkt, sondern bewegungslos, aber kann sich auf die Zuwendungen der Regierung verlassen. Dabei bemerkt der perfekte Untertan nicht, dass es genau die gleichen Regierungen waren, die seinen einstigen unabhängigen Wohlstand abgeschafft haben.

Sprache

Sprache schafft Identität, Sprache schafft Realität. Wer die Sprache pervertiert, pervertiert über kurz oder lang unser Dasein. Mit der zwangsweisen Veränderung der Grundlage unserer Ausdrucksform werden auch wir zwangsweise verändert. Unsere gegenwärtige Sprache ist eben wie unser gegenwärtiges Dasein das Resultat eines langen historischen Prozesses. Wir tragen den Rucksack unserer Geschichte mit uns, die Sozialisierung unserer eigenen, vergleichsweise kurzen Geschichte macht uns zu denen, die wir sind.

Längst haben die progressiven Zeitgeistprostituierten erkannt, dass sie mit der Verordnung einer neuen, realitätsfernen und fremden Sprache auch eine neue, realitätsfremde Gegenwart schaffen. Das lange umstrittene und heftig diskutierte Binnen-I war dafür nur der Auftakt. Was uns zuerst als Berücksichtigung der Frau in der Sprache, als Akt der wahren Gerechtigkeit für das vermeintlich schwache Geschlecht verkauft wurde, wird nun in der Fortsetzung dieser Diskussion zur geschlechterneutralen Sprache und damit auch zum sprachlichen Ende der Geschlechter. Neutralität in der Sprache bedeutet eben die Tilgung der zweifelsfrei vorhandenen Unterschiede. Das passt gut zur Gleichmacherei, wo der einst einzigartige, unverwechselbare Mensch sich zu einem zurechtgehobelten, gesichtslosen und geschlechtslosen Lebewesen entwickeln soll. Konsumieren darf er, dem Wirtschaftswachstum dient er. Aber mehr Rechte hat er schon nicht mehr. Und so setzen wir an und tilgen aus Toleranz gegenüber einer aus dem Rahmen der Normalität geratenen Minderheit Mann und Frau. Wir ersetzen sie durch das Es. Nein, wir gehen noch einen Schritt weiter, wir werfen Mann und Frau auf den Müllhaufen der Geschichte und erklären 72 Geschlechteridentitäten, mehr oder weniger Ausdruck seelischen Leidens, zur erstrebenswerten Normalität einer Gesellschaft, die in der vollkommenen Scheinfreiheit ihrer Scheinidentität leben darf. Willkommen im Narrenturm des 21. Jahrhunderts. Nun regiert der Wahnsinn. Die „Frankfurter Allgemeine“ hat es bereits am 4. September 2014 in einem Artikel zusammengefasst. Damals wurden 60 Geschlechteridentitäten angeführt, mittlerweile sind es 72. Jedem Tierchen sein Pläsierchen, und so werden in den nächsten Jahren sicherlich noch weitere sogenannte Geschlechteridentitäten auf dem humusreichen Boden des Diktates der Dummheit sprießen. Hier eine kleine Auswahl aus dem genannten Artikel der „Frankfurter Allgemeinen“: „androgyner Mensch, androgyn, bigender, weiblich, Frau zu Mann (FzM), gendervariabel, genderqueer, intersexuell (auch inter*), männlich, Mann zu Frau (MzF), weder noch, geschlechtslos, nicht-binär, Pangender, Pangeschlecht, trans, transweiblich, transmännlich, Transmann, Transmensch, Transfrau, trans*, trans*weiblich, trans*männlich, Trans*Mann, Trans*Mensch, Trans*Frau, transfeminin, Transgender, transgender weiblich, transgender männlich, Transgender Mann, Transgender Mensch, Transgender Frau, transmaskulin, transsexuell, weiblich-transsexuell, männlich-transsexuell, transsexueller Mann, transsexuelle Person, transsexuelle Frau. Inter*, Inter*weiblich, Inter*männlich, Inter*Mann, Inter*Frau, Inter*Mensch, intergender, intergeschlechtlich, zweigeschlechtlich, Zwitter, Hermaphrodit, Viertes Geschlecht, XY-Frau, Butch (maskuliner Typ in einer lesbischen Beziehung), Femme (femininer Typ in einer lesbischen Beziehung), Drag, Transvestit, Cross-Gender."

Dabei handelt es sich um einen Teil der nunmehr zur Auswahl stehenden Geschlechteridentitäten, in die mittlerweile 7- bis 12-jährige Kinder hineinerzogen, hineingezwungen werden. Es ist und bleibt ein Verbrechen an jenen Individuen, die unseren Schutz benötigen würden, aber denen man doch keinesfalls den Mühlstein zeitgeistigen Wahnsinns umhängen darf. Ein Bub spielt mit Puppen. Soll er doch. Ihn deswegen seitens der Pädagogen oder Medizinier damit zu konfrontieren, er sei vielleicht eine Frau, ist kriminell. Für eine nicht der Norm entsprechende Eigenart versucht man krampfhaft eine Ideologie oder zumindest einen ideologischen Zugang zu finden. Man schafft Probleme, die es eigentlich gar nicht gibt oder geben dürfte. Dieser Krieg auf dem Rücken junger Menschen hat zur Folge, dass diese ihr Leben lang in einen inneren Konflikt regelrecht hineingetrieben werden, dem sie in einer vernünftigen und verantwortungsvollen Gesellschaft niemals ausgesetzt wären. Es ist daher kein Wunder, dass die Fallzahlen psychischer Erkrankungen regelrecht explodieren. Psychiater wie Bestatter sind die einzigen Berufsgruppen, die trotz Wirtschaftskrise, Kriegen und Rezession noch boomen. Die machen ihre fette Beute an einer Gesellschaft, der die ursprüngliche, wahrhaftige Identität zugunsten einer künstlich kreierten Scheinidentität geraubt wird. Mann und Frau werden als verstockt und reaktionär angesehen, werden sprachlich gemieden, weil man ja sonst Gefahr liefe, die Gefühle geschlechtsloser Menschen zu beleidigen. Die biologische Geschlechterrealität, die Wahrheit, ist eine andere: Es gibt nur Mann und Frau, alles andere ist Fasching. Fasching ist schön, nur: Fasching ist nicht die Realität. Mit der neuen geschlechterneutralen Sprache, in der sich alle bereits genannten Geschlechteridentitäten wiederfinden können, hat man zwar sämtliche zur Auswahl stehenden psychischen Erkrankungen berücksichtigt, aber nicht die biologische Realität. Und hier sehen wir, wie durch Sprache die Scheinrealität einer neuen Scheinfreiheit von uns Menschen entsteht, die wir ja nur Knechte des um sich greifenden Irrsinns sind. Es hat längst geknallt – die wenigsten hören den Knall.

Überhaupt gibt die nunmehrige Sprache als Ausdruck der Geschichte die Realität nicht wieder, sondern diese Pervertierung der Sprache versucht, Geschichte zu machen. Sie ist die Umkehrung all unserer bisherigen Natur. Der unter dem Joch des Egoismus und Relativismus stehende Mensch glaubt, sich so seine Scheinwelt zu errichten. Diese Scheinwelt ist auch der letzte Bereich, in dem er glauben kann, frei zu sein. Sein Bankkonto wird von anderen regiert, seiner ursprünglichen Heimat wurde er beraubt, seine Sprache wird pervertiert, sein Alltag wird vom Niedergang einer ganzen Volkswirtschaft, von Krieg und Klimawandel, Ängsten und Zensur bestimmt. Jene, die diese neue Welt schaffen, schaffen als Ausgleich für all das Verlorene eben einen kleinen zeitgeistigen Freiraum, in dem sich der perfekte Untertan frei fühlen darf und – aufbauend auf der Doktrin von 72 Geschlechtern – jeden Tag aufs Neue seine Identität bestimmt. Oder er wird in dieses neue Gesellschaftsbild hineingedrängt. Da haben wir mit dem Bettler Stecken getauscht.

Auch in einem anderen Bereich sehen wir, dass uns die Identität stiftende Sprache abhandenkommt. Die deutsche Sprache kennt so um die 500.000 Wörter. Wir Durchschnittsmenschen verstehen 70.000 Wörter in unserer Alltagskonversation, 16.000 gebrauchen wir noch selbst. Wobei ich bestreite, dass wir die 16.000 überhaupt noch brauchen, denn als perfekter Untertan kommt man auch durchs Leben, wenn man einfach grunzt und Steuern zahlt. Das dürfte ohnedies das Ziel unserer Bildungs- und Gesellschaftspolitik sein. Und angesichts der sprachlichen Kapazität unserer politischen Eliten ist das Grunzen wahrscheinlich die einzig fehlerfreie Gesprächsmethode. Deutschland hat eine Außenministerin, die Nussland (gemeint Russland) an der Fontlinie (gemeint Frontlinie) den Krieg erklärt, Putin eine 360-Grad-Wendung (gemeint 180-Grad-Wendung) zur Veränderung des Standpunktes empfiehlt, die Rohstoffe moderner E-Mobilität in Kobolden (gemeint Kobalt) sieht, Peking 100.000 Kilometer von Berlin entfernt glaubt. Vor nicht allzu langer Zeit hätte man einem solchen Vertreter der babylonischen Sprachverwirrung einen Sprachtrainer beigestellt, aber ihn doch keinesfalls als Sprachrohr einer Nation auf die Regierungsbank gesetzt. Aber Hauptsache, wir grunzen uns durch 72 Geschlechter und merken nicht einmal, wie wir zu einer willfährigen, manövrierfähigen Masse von Schlafschafen verkommen, die, durch Orchideendebatten unserer Regenten abgelenkt, zu einem Kollektiv infantiler Lebewesen werden. Nachdem Sprache Realität schafft, verändert sie auch im strengen Korsett der politischen Korrektheit unseren moralischen Kompass. Die Wörter „Nation", „Familie", „Sicherheit", „Tradition", „Brauchtum", „Glaube" oder „Heimat" sind als rechtsextrem geframet. Etwas framen heißt soviel wie es bar jeglicher Realität umdeuten. Relativ unmissverständliche Wörter bekommen so nach den Vorstellungen der zeitgeistigen Sprachpolizei eine neue Wortbedeutung. Also sind die Identität stiftende Nation, die Sicherheit gebende Heimat, die Liebe schenkende Familie folgerichtig rechtsextrem konnotiert und damit auch selbst rechtsextrem. Wer sich öffentlich für Recht, Ordnung und Sicherheit einsetzt, also die Basis einer funktionierenden Gesellschaft anerkennt, ist nun rechts. Weil sich aus dem Recht eben rechts ableiten lässt. Die Sprache wird so zur Waffe in jenem Krieg, wo man zwar kein Blut vergießt, aber die Menschheit verblöden lässt.

Diese Debatte um Links und Rechts habe ich nie verstanden. Mittlerweile artet das zu einem Krieg aus, in dem Menschen unterschiedlicher Standpunkte nicht einmal mehr in der Lage sind, vernünftig, sachlich zu diskutieren. Das liegt an der Unversöhnlichkeit der Standpunkte, der fortdauernden Provokation einerseits und der mangelnden Kenntnis jener, die das Maul aufreißen, andererseits. Alles, was nicht ins Konzept der neuen verordneten, bunten, toleranten, gutmenschlichen, offenen, das Vergangene hinter sich lassenden Gesellschaftsordnung passt, alles, was diese nicht mitträgt, ist rechts. Und alles, was gut ist, was neu ist, was tolerant, edel und großzügig ist, wäre nach dieser Lesart links. So sehen es zumindest jene, die an der Verschiebung des politischen Kompasses durch eine Verdrehung der Sprache mitwirken und die breite Mitte der Gesellschaft in ein rechtes Eck drängen. Der Weg von rechts zu rechtsextrem ist auch ein sehr kurzer, vernachlässigbarer geworden. Die meisten Sprachzensoren unterscheiden nicht einmal mehr zwischen rechts und rechtsextrem. Hauptsache rechts, und damit wird stigmatisiert. Diese zwanghafte sprachliche Einteilung verschiedenster gesellschaftspolitischer, wirtschaftspolitischer, sicherheitspolitischer Forderungen in Rechts oder Links ist nicht nur falsch, sondern eine Falle. Es ist eine von Minderheiten der Meinungsmacher aufgestellte Falle, in die alle hineintappen. Menschen, die auf Basis unserer Verfassung für strenge Zuwanderungskriterien stehen, werden in die rechte Schublade einsortiert. Das Schlimme daran: Man wehrt sich kaum mehr dagegen. Dabei wäre eine vernünftige, Identität erhaltende, die gesellschaftliche Spaltung minimierende Zuwanderungspolitik sowohl mit der traditionell konservativen als auch der liberalen oder progressiven Grundhaltung vereinbar. Für den Erhalt eines Landes, seiner Kultur, seiner offenen Gesellschaft, des Friedens, der Meinungsfreiheit und der Demokratie zu stehen ist nicht rechts und auch nicht links. Es ist logisch und weniger ideologisch.

Politiker, die für eine solidarische Gesellschaft und damit ein dichtes soziales Netz stehen, werden im sogenannten linken Lager verortet. Auch das ist falsch, da das Sozialnetz nur das vergrößerte Abbild einer sich in gegenseitiger Solidarität nahestehenden Familie abbildet. Die Familie und deren Erhalt wären aber nach heutiger Lesart, also dieser unerträglichen Aufspaltung der Gesellschaft zwischen Rechts und Links, im rechten Lager verortet. Verrückt! Und man verliert langsam, aber sicher den Überblick. Viele Menschen wissen gar nicht, dass sie plötzlich rechts denken, obwohl ihre Weltanschauung die letzten Jahrzehnte unverändert in der breiten Mitte verortbar war. Jörg Haider schrieb 1997 das Buch „Befreite Zukunft jenseits von links und rechts". Er war nicht so dumm, dass er sich in diese Schubladen stecken ließ. Er entwich dieser wie ein Stab über ihn gebrochenen Verortung, indem er seinen geflügelten Satz „Ich stehe nicht rechts und nicht links, ich bin vorne" bis zum Erbrechen zum Besten gab. Manche Konservative treiben das Rechts-links-Spiel mit, indem sie sich selbst als rechts bezeichnen. Teils als Provokation, teils als Kapitulation vor dem immer wiederkehrenden Vorwurf, eben rechts zu sein. Und Sozialdemokraten wie Grüne sind stolz darauf, als links betrachtet zu werden. Beide merken nicht einmal, wie sie der gewollten Spaltung der Gesellschaft das Wort reden. Je mehr sich Links und Rechts selbst definieren und betont voneinander abgrenzen, wird der Spalt innerhalb der Gesellschaft und bei den politischen Vertretern nur größer. Helmut Schmidt, Kanzler Deutschlands, war Mitglied der SPD. War er links? Nein! Ganz im Gegenteil. Er war weder rechts noch links, er war Helmut Schmidt, der sozialpolitisch am solidarischen Sozial- und Gesundheitswesen baute, wirtschaftspolitisch für eine freie Marktwirtschaft, sicherheitspolitisch für einen *Law-and-Order*-Kurs gegenüber Terroristen bekannt war und in der Zuwanderung bis in die letzten Tage seines Lebens die Vernunft und damit eine harte Linie in der Migrationspolitik sprechen ließ. War Bruno Kreisky links? Nein, er war Bestandteil des sogenannten Wiener Großbürgertums und lebte auch so. Jener sozialdemokratische Kanzler mit den maßgeschneiderten Anzügen, dem die Finca auf Mallorca nur gut und recht war. Und im Gegensatz zu manch selbst ernannten Nachfolgern der österreichischen Sozialdemokratie kann man ihn heute sogar als konservativ bezeichnen.

Seit Jahren tobt ein Krieg zwischen selbst ernannten Rechten und Linken. Es sind meistens Ränder der Gesellschaft bzw. ihre Vertreter, die den vom Ideologiekrieg überdrüssigen Bürger damit in ihr Lager zerren wollen. Gezerrt und gerissen wird an jedem Einzelnen, um ihn für die jeweilige Sache zu vereinnahmen. Der Kampf gegen Antisemitismus zum Beispiel wurde in der rhetorischen Debatte immer als links verortet. Nicht zuletzt deswegen, weil das NS-Schreckensregime in der historischen Aufarbeitung als rechts verstanden wird. Auch darüber kann man übrigens leidenschaftlich streiten. Terroristen haben am 7. Oktober 2023 Israel angegriffen und mehr als 1200 unschuldige Israelis, Juden wie Christen und Muslime, abgeschlachtet. Die Konservativen, also die im Meinungskampf als rechts Titulierten, wie Orbán, Le Pen, Kickl, die AfD oder Salvini, haben ihre uneingeschränkte Solidarität gegenüber Israel erklärt. Komisch, oder? Sozialdemokraten wie Grüne hatten hingegen ihre Probleme, weil in ihren Reihen ein ideologischer wie religiöser Antisemitismus aus einer allzu großen Nähe zur arabischen Welt schon aus der Historie heraus klar und deutlich vorhanden ist. Also wären nach der vorherrschenden Denke nun die Linken die großen Antisemiten und die Rechten die neuen Freunde des Judentums. Man sieht, wie skurril und dumm ein rhetorisches Scheingefecht über Begrifflichkeiten über den Köpfen der Bürger tobt. Diese Scheingefechte sind vorrangig reine Ablenkungsmanöver jener, die sich als nützliche Idioten dieser gewollten sprachlichen Verschiebung des Meinungsspektrums gerieren. Denn während die vermeintlich Rechten und Linken sich gegenseitig die Schädel einschlagen, wird die breite Mitte der Gesellschaft still und heimlich weiter entrechtet. Durch Meinungsdiktatur, durch politische Korrektheit, durch wirtschaftlichen Abstieg, durch eine Vernichtung der sinnstiftenden Elemente eines Landes. Am Ende dienen all diese Gruppierungen nur einem Ziel: der Schaffung des perfekten Untertans, der sich zwar über Scheingefechte mokiert, aber den Wandel seines Daseins nicht mehr nachvollzieht und angesichts der immer dichter werdenden Nachrichtenlage auch kaum nachvollziehen kann.

Ich war nie rechts und nie links. In der Migrationsdebatte verfolge ich eine strikte, eine strenge Migrationspolitik und eine nur auf das absolut Notwendige beschränkte Zuwanderung. In gesellschaftspolitischen Fragen bin ich liberal, schon aus meiner eigenen persönlichen Geschichte heraus. Ich bekenne mich zu einer freien Wirtschaft, die einem kräftigen und sicheren, solidarischen sozialen Netz dient und dieses finanziert. Den Armen in der Gesellschaft gehört meine Solidarität. Jene, die das System nur ausnutzen, gehören bestraft. Umweltpolitisch gehöre ich zu jenen, die die Schöpfung als Grundlage unseres eigenen Lebens bewahren wollen. Ich liebe die Traditionen meines Landes und lebe sie. Ich bin Christ, Katholik, homosexuell, lege auf Heimat und Tradition Wert, kleide mich größtenteils konservativ-unauffällig, habe es zu einem ansehnlichen Wohlstand gebracht, verteidige Eigentum und Demokratie. Und ich stehe für die persönliche Freiheit jedes Menschen bis zu jener Grenze, an der die Freiheit des Mitmenschen eingeschränkt zu werden droht. Also: Bin ich rechts oder links? Schwierig, unmöglich, eine Antwort zu geben. Und genauso geht es 80 Prozent der Menschen, die diese sprachliche Einordnung in rechts und links immer mehr ablehnen und als das erkennen, was sie ist: ein politisches Getöse und Ablenkungsmanöver, eine Verdrehung von Wahrheit und Fakten. Die Sprache wird nicht zur Findung einer einigermaßen objektiven Wahrheit genutzt, sondern dient Meinungsmachern, Eliten und Medien für einen Krieg gegen den eigenen Bürger. Die Sprache wird verleumderisch, sie entfernt sich von Wahrheit und Fakten, sie wird relativ, sie dient dem tobenden Kulturkampf.

In gewisser Hinsicht ist diese Tilgung einer wahrhaftigen Sprache als Wiedergabe der Realität auch Ausdruck einer aus dem Gleichgewicht geratenen Gesellschaft. Lotte Tobisch, *Grande Dame* des Wiener Opernballs, sagte einst sinngemäß, dass die Vergangenheit immer als „besser" verklärt werde. Auch ich ertappe mich noch Jahre vor meinem 50. Geburtstag stehend dabei, das Vergangene als „gute alte Zeit" postum zu identifizieren. Man wird damit der Zeit und dem Fortschritt aber nicht gerecht. Eine in sich verharrende Gesellschaft entwickelt sich eben nicht weiter, bleibt stehen, stirbt. Es ist nur allzu menschlich und natürlich, sich allein aus Gründen der Existenzabsicherung weiterzuentwickeln. Die letzten Jahre, eigentlich seit 2015, diesem Wendejahr europäischer Politik, tobt zweifelsohne ein Kampf. Und dieser Kampf führt dazu, dass der einzelne Bürger mit seinen Bedürfnissen von einer Elite nicht mehr ernst genommen wird. Man muss dem Volk erklären, was gut und böse ist. Man muss das Volk erziehen. Das sind doch die Prämissen, denen sich elitäre Zirkel unterordnen. Nein, kein mündiger, erwachsener, gebildeter, kritischer, selbstständiger Bürger braucht Erziehung. Wir brauchen auch keine Erziehung in Sachen Meinung, wie es der zum Meinungsjournalismus verkommene Medienberuf der letzten Jahre spürbar für uns vorsieht. Es entspricht einer menschenverachtenden Grundhaltung und Überheblichkeit einiger weniger, sich über das Volk zu erheben, sich an die Spitze zu setzen und zu glauben, man müsse den dummen Bürger erziehen. Das glaubten Kommunisten wie Nationalsozialisten und übrigens alle ideologischen „-ismen" gleichermaßen. Eine freiheitliche Gesellschaft mündiger Bürger braucht im Gegensatz zum Kollektiv des perfekten Untertans keine Meinung, sondern klare und deutliche, unmissverständliche, faktentreue, ungeschönte und unverfälschte Informationen. Die Medien als größte Übermittler der Sprache haben hierbei versagt. Nein, sie haben nicht nur versagt. Die Medien sind Teil dieser Agenda geworden.

Medien verschieben ganz gezielt dieses Meinungsspektrum, wodurch sich Bürger der Mitte nun am sogenannten rechten Rand befinden. In den Redaktionen sitzen keine Journalisten, sondern Agitatoren einer politischen Meinung, die der Journalist durchaus haben darf, aber doch nicht in seine ehrenwerte Arbeit einfließen lassen sollte. Wer die Medien konsumiert, sieht, hört und liest täglich von der Meinung der Journalisten, wird belehrt, erfährt nur in verfärbten Bruchteilen die Realität der Nachrichtenlage. Blicken wir zurück in die grauen Jahre Coronas. Da waren Journalisten Teil der Inszenierung und nicht das kritische Korrektiv. Blicken wir auf das Jahr 2015 und den Beginn der bis heute aufrechten „Wir-schaffen-das"-Karawane nach Europa. Da waren und sind Journalisten bis heute nicht Teil der Kritik an den anarchisch anmutenden Entwicklungen, sondern Teil der Umerziehung von Bürgern zu toleranzbesoffenen Duldern des Einzelfalles. Ist Ihnen schon aufgefallen, dass in der Chronikberichterstattung der Medien seit Jahren in den meisten Fällen die Herkunft der vermeintlichen Täter schlichtweg ausgelassen wird? Man hütet sich wie der Teufel vor dem Weihwasser davor, die Ursache der vielfältigen

Probleme zu nennen. Besonders spürbar wird dies, wenn über einen Amoklauf zu berichten ist. Ist die Täterherkunft durch eine Indiskretion der für die Ermittlungen verantwortlichen Polizei auf dem afrikanischen Kontinent oder im Nahen Osten anzusiedeln, wird im ersten Anlauf versucht, einen „psychologischen Hintergrund" für die Tat zu konstruieren. Und zwar von jenen, die eigentlich objektiv zu recherchieren und wahrheitsgetreu zu berichten hätten. Zwischen 24 und 48 Stunden später sickert zwischen den Zeilen durch, dass der jeweilige Täter – hier wird übrigens von den Medien nicht gegendert – möglicherweise Worte laut gerufen haben soll, die auf einen terroristischen, aber zumindest auf einen religiös-extremistischen Hintergrund schließen lassen. All das führt doch dazu, dass die Menschen den Medien nicht mehr glauben und Journalisten in den Beliebtheitsrankings auf der gleichen Ebene wie Kinderschänder oder Politiker rangieren.

Ich bin kein Gegner der Medien, ich habe mich auch nie als Gegner von Journalisten verstanden. Obwohl ich in meiner Zeit als Pressesprecher von Sozialminister Haupt und später selbst als Politiker meine Gefechte mit einzelnen Vertretern dieses ehrenwerten Berufes hatte. Ich trauere um den Untergang der Medien mit der Herabnivellierung des journalistischen Berufes, ich leide unter dem Verlust des Berufsethos bei vielen Vertretern dieses Berufsstandes. Denn die Medien wären ein Korrektiv, sie wären ein gutes Instrument, den Bürger als kritisches und hinterfragendes Wesen zu erhalten, aufzuklären. Zum Generalversagen der Instanzen, der Politik wie der Justiz und des Glaubens kommt eben auch der Niedergang etablierter Medien. Aber nicht, weil sie angegriffen worden wären, sondern weil sie sich selbst aufgegeben, teils entlarvt haben. Natürlich sind viele Medien auch unter den Druck der sozialen Medien geraten. Millionen von Accounts berichten über eine Neuigkeit, da wollen die Medien dabei sein. Die Wahrheit ist aber „eine Tochter der Zeit" (Zitat Andreas Khol), und diese Zeit, ordentlich zu recherchieren und ordentlich zu berichten, gibt es schlicht nicht mehr. Der größte Fehler ist, dass Medien vom Teil der Aufklärung zu einem Teil der Propaganda geworden sind. Die Universität Mainz hat versucht, 47 Medien in Deutschland in ein ideologisches Feld einzuordnen. Allein die Tatsache, dass sich Medien ideologisch einordnen lassen, spricht schon dafür, dass sie Sprachrohr einer Ideologie, aber doch nicht Künder der Wahrheit sind. Das Ergebnis dieser Studie hat es denn auch in sich: Gut 90 Prozent der Medien befinden sich im liberal-progressiven Spektrum, sind also irgendwo zwischen Grünen und Sozialdemokraten angesiedelt. Es bestätigt sich, dass sich Medien auch inhaltlich von ihren eigenen Konsumenten entfernen. Da braucht sich niemand darüber zu wundern, dass die Abo- und Seherzahlen aller großen Medienhäuser in die Tiefe krachen und der Durchschnittsbürger seine Informationen aus dem Internet bezieht. Das Jammern ob dieser Tatsache ist groß. Und mit Kreativität wird versucht, diese Entwicklung zu begründen. Am übelsten erscheint mir der Einwand jener selbst ernannten *Social-Media*-Experten, die doch tatsächlich meinen, dort würden nur negative Nachrichten verbreitet, und nachdem sich der Mensch nur über das Negative definiere, hätten *Social Media* eben Erfolg. Das alles ist die Summe der Ratlosigkeit der Medien und ihrer „Experten", die sich nicht eingestehen können, dass sie gescheitert, eine Schande für ihren Beruf sind. Das ist schade, nein, vielmehr katastrophal. Aber braucht der perfekt Untertan, zu dem wir auf dem besten Weg sind, überhaupt ein kritisches Korrektiv? Nein. Die Mächtigen brauchen Handaffen der Propaganda. Und die Handäffchen in den Redaktionsstuben bekommen dafür in die aufgehaltene Hand den Judaslohn für den Verrat an ihren eigenen Lesern, Hörern und Sehern. Oder sie fühlen sich eben in ihrer Eitelkeit als besonders Intellektuelle bestätigt.

Es gibt im Übrigen genügend Journalisten, die dies ebenso wie ich sehen. Ein lieber Freund war in der beruflichen Mitte seines Lebens hoch angesehener Journalist des ORF. Irgendwann unterhielten wir uns über die inquisitorischen Methoden eines seiner Nachfolger am TV-Schirm. Er sagte: „Wir hatte damals ein Berufsethos, wir verfolgten das Ziel, absolut unabhängig und objektiv unseren Beruf auszuüben. Und wir achteten 24 Stunden und sieben Tage die Woche darauf, ja nicht den Eindruck einer Parteilichkeit auch in der privaten Lebensführung zu vermitteln. Unter mir wäre eine solche eitle, inquisitorische, zutiefst subjektive und parteiliche Berichterstattung und Moderation nicht möglich gewesen. Der [sein Nachfolger] wäre nicht einmal als Portier am Eingang gesessen!" Diese neue Generation von Journalisten dient eben nicht der Information, sondern der Verdrehung der Fakten hin zu einer ideologisch angenehmen Version. Und sie ist daher das perfekte Instrument, das Volk klein und dumm zu unterhalten und zu halten. Die einzige Konsequenz daraus ist die Etablierung einer Diktatur der Dummen. Ja, wir verblöden. Tag für Tag, Stunde für Stunde. Und nur die wenigsten widersetzen sich dieser Entwicklung, werden zu einer verschrobenen Minderheit oder als rechts diffamiert.

Die Scheindemokratie des perfekten Untertans

Die Familie ist die Keimzelle der Gesellschaft. Auf ihr bauen die Gemeinde, in weiterer Folge als nächstgrößere Einheit das Bundesland und am Ende die Nation auf. Der Staat organisiert sich wie eine Familie, deren einzelne Mitglieder solidarisch zueinander stehen, einander stützen und schützen. In den meisten Familien gibt es bei wesentlichen Entscheidungen eine Mitsprache aller Familienmitglieder. Diese Organisationsform einer Familie nennen wir heute Demokratie. Wirr waren die Zeiten. Monarchie, Zwischenkriegszeit, Faschismus, Diktatur und Weltkriege mündeten spätestens ab 1945 für die meisten westlichen Länder des europäischen Kontinentes in eine Demokratie. Mit dem Zusammenbruch des sogenannten Ostblockes hat sich die Demokratie in unseren Breiten endgültig durchgesetzt. Jeder Mensch glaubt, dass er das Staatsgefüge mitbestimmen könne. Und zumindest nach Ablauf der jeweiligen Amtsperioden der Vertretungskörper der repräsentativen Demokratie wird er auch offiziell gefragt und darf zur Wahlurne schreiten. Das gibt uns ein Gefühl von Sicherheit, dass am Ende wir als einfache Bürger der Souverän und das Korrektiv unserer Vertreter seien. Und manche meinen ja, dass wir jene Vertreter bekämen, die wir verdienten.

Wir leben in einer Demokratie, wir leben in Freiheit. Aber so wie wir in einer konstruierten Scheinfreiheit leben, leben wir auch in einer Art Scheindemokratie. Denn wer dem demokratischen Spektrum angehört, wer in den erlauchten Kreis der Demokraten aufgenommen wird, entscheiden in manchen Fällen nicht das Volk, sondern die Volksvertreter selbst. Sie organisieren sich vom Bürger weg, bilden einen eigenen Klüngel. Das liegt einerseits daran, dass Politiker das Volk größtenteils ohnedies nicht für voll nehmen. Das liegt an der bereits an anderer Stelle beschriebenen Überheblichkeit von Politikern mit der Macht des Amtes, „es besser zu wissen". Und das liegt an der Blendung der Insignien der Macht, der Politiker ohne Bodenhaftung unter- und erliegen. Zum Ausdruck kommt das einerseits darin, dass Politiker die Sprache des Volkes nicht sprechen, die Worte von Politikern über Parteigrenzen hinweg austauschbar werden und der einzige gemeinsame Nenner all dieser Wortschöpfungen ist, dass der Bürger die Politiker nicht versteht. „Am Ende des Tages" ist so einer jener Sätze, die jeder Politiker offenbar mit der Muttermilch der Jugendorganisation seiner jeweiligen Partei verabreicht bekommt. Von „die da draußen" wird im Parlament von allen Vertretern der Parteien gesprochen, und dadurch kommt nicht weniger zum Ausdruck als dass die im Parlament Sitzenden ein geschlossener, erlauchter und intimer Kreis seien, die abgetrennt durch die Mauern des Parlamentes über den Rest des Landes, also „die da draußen", bestimmten. Wir dürfen wählen. Aber bekommen wir das gewollte Ergebnis unserer Wahl? In den meisten Fällen nicht.

Politiker versprechen vor den Wahlen die Entlastung, nach der Wahl ziehen sie an der Steuerschraube. Wahlkämpfer garantieren uns einen Stopp der Zuwanderung, nach der Wahl öffnen sie die Grenzen. Immer mehr Menschen resignieren angesichts der institutionellen Lügen und gebrochenen Versprechen. Immer mehr Menschen wenden sich von der Politik ab. Genauer gesagt wenden sie sich von Politikern ab. Und immer mehr Menschen nehmen an Wahlen nicht mehr teil, weil es aus ihrer Sicht ohnedies nichts mehr bringt. Man verzweifelt, man treibt die Bürger in die Resignation. Der Nichtwähler ist ja keine Gefahr für das Establishment, er hat sich der Mitsprache selbst entschlagen. Der alternative Wähler, der Wechselwähler, ist der große Feind der Etablierten, der sich kritischen Oppositionsparteien zugetan fühlt. Immer mehr Bürger werden von den Wahlurnen vertrieben, die Wahlbeteiligungen sacken europaweit von Jahr zu Jahr ab. Das stärkt jene, die sich auf Dauer zum Schaden der Allgemeinheit an der Macht festkrallen. Das ist aber nur die eine Seite der Medaille. Die entscheidende Frage ist: Bekommen wir nach der Wahl auf Basis des Ergebnisses jene Politik, die wir uns gewünscht haben? Nein!

Erinnern Sie sich an die vergangene Wahl zum Europäischen Parlament im Jahr 2019: Die europäischen Parteienfamilien, also die Zusammenschlüsse einander ideologisch naher nationaler Listen der Mitgliedstaaten, hatten europaweite Spitzenkandidaten nominiert. Diese Nominierungen dienten dazu, dass der Wähler die Möglichkeit bekam, über den künftigen Vorsitz in der Europäischen Kommission, also der EU-Regierung, zu entscheiden. Für die Europäische Volkspartei kandidierte ein gewisser Herr Weber aus Bayern. Nur, nach der Wahl ist dieser Herr Weber in den Untiefen Brüssels wieder verschwunden, und entgegen dem Willen der europäischen Bürger wurde Ursula von der Leyen als Kommissionspräsidentin installiert. Oder denken wir zurück an die Ministerpräsidentenwahl in Thüringen: Am 5. Februar 2020 hatte der Landtag Thüringens mit Stimmen der CDU, der FDP und der AfD den FDP-Kandidaten Thomas Kemmerich zum Ministerpräsidenten gewählt. Die alleinige Tatsache, dass auch die AfD diesem Wahlvorschlag ihre Zustimmung erteilte, veranlasste Deutschland Kanzlerin Angela Merkel, diese freie und unabhängige Wahl eines demokratischen Gremiums „rückgängig machen" zu lassen. Eine Kanzlerin erhob sich über die demokratischen Grundregeln, ließ Wahlen in ihrem Ergebnis für ungültig erklären, regierte in freie Bundesländer hinein und installierte den Kandidaten der Partei „Die Linke", der Nachfolgepartei von Erich Honeckers SED, als Ministerpräsident. Das war ein starkes Stück der kompletten Missachtung der parlamentarischen Demokratie, zum Ausdruck gebracht von jenen, die sich selbst als Hüter der Demokratie sehen.

In Deutschland dürfte einiges aus dem Lot geraten sein. Dort wird diskutiert, ob man demokratisch legitimierte Parteien nicht einfach verbieten sollte. Seit Jahren wird die AfD vom Damoklesschwert eines Parteienverbotes überschattet. Die sogenannten Beweise für ein Verbotsverfahren liefert der Verfassungsschutz Deutschlands, der parteipolitisch besetzt wird und auf Zuruf der Regierung agiert, statt Deutschlands Verfassung vor dem Chaos der Regierung zu schützen. Akribisch versucht man seitens des Establishments, also der etablierten Parteien, ein Verbot der AfD zu erwirken. Mittels fadenscheiniger Kriminalisierung ist man bemüht, sich einer unangenehmen Oppositionspartei zu entledigen. Wieder muss die gute alte Nazikeule herhalten. Im Chor mit Medien, NGOs und TV-Persönlichkeiten warnt man vor einem Aufstieg der AfD, als stünde die NSDAP *ante portas*. Der Streit spielt sich zwischen der kriminalisierten Partei und dem Establishment ab. In der Endkonsequenz zielen aber die Angreifer auf das freie Wahlrecht der Bürger. Denn nur diese haben das Recht, über Erfolg und Misserfolg einer politischen Bewegung zu entscheiden. Und in einer repräsentativen Demokratie haben die Volksvertreter nur ein Recht, nämlich die dem Volk versprochenen Wahlprogramme umzusetzen. Alles andere ist Lug und Trug, mit dem sich viele Menschen abgefunden haben. Leider! Kein Mensch in Österreich oder Deutschland hätte doch mit seiner Stimme jenen Verfassungsbruch legitimiert, den politische Parteien und Regierungen während der Corona-Autokratie verbrochen haben. Eine Impfpflicht wurde im österreichischen Parlament beschlossen, im deutschen Bundestag diskutiert, obwohl eine Mehrheit der Bevölkerung einen solchen ungeheuerlichen Eingriff in die körperliche Integrität einzelner Menschen niemals befürwortet hätte. Im Hinblick auf die Sanktionen gegen Russland würde man keinen Menschen finden, der dies bei gleichzeitiger Zerstörung der europäischen Industrie, des gesellschaftserhaltenden Wohlstandes befürworten würde. Regierungen entscheiden klar und deutlich gegen die Wünsche der Bevölkerung. Das hat nichts mit parlamentarischer Demokratie zu tun und ist ein großer Schaden für diese, wenn sich immer mehr Menschen von ihren Vertretern nicht mehr repräsentiert fühlen. Das ist ein weiteres Beispiel für die Entrechtung der Menschen hin zu einem perfekten Untertan, der zwar wählen darf, aber nicht jene Politik bekommt, die er sich wünscht. Wünscht sich ein vernünftiger Mensch die Abschaffung des Bargeldes? Nein, Bargeld wird als Bestandteil einer ökonomischen Entscheidungsfreiheit gesehen. Unter dem Deckmantel der Betrugs- und Schwarzgeldbekämpfung wird in zeitlichen Abständen das Bargeld attackiert. Abgesehen von der Tatsache, dass die politischen Eliten das Volk kollektiv unter Generalverdacht stellen, also in den Bürgern die Steuerbetrüger sehen, zerstört man mit der Limitierung des Bargeldes Stück für Stück die ökonomische Freiheit der Bürger.

Auch dies ist ein weiteres, passendes Mosaikstück im großen Bild des perfekten Untertans. Er hat keine Sprache, er hat keine Identität, seine Demokratie besteht nur mehr zum Schein. Ihm wird erklärt, wie er zu leben, zu essen, zu heizen, zu wohnen und zu denken hat.

Willkommen zurück im Irrenhaus!

2022

3. OKTOBER 2022

Sie bevormunden, sie erziehen, sie lügen dabei, dass sich die Balken biegen. Sie führen Kampagnen, sie machen Meinung. Nur sie entscheiden über Gut und Böse. Nur sie haben die Macht, die alleinige Macht, darüber zu entscheiden, welche Stimme gehört und welche unterdrückt wird. Sie agieren mit Angst und Panik und apportieren die Propaganda der Regierung im jesuitischen Eifer. Sie begleiten den Raub der Freiheit des Einzelnen, sie rufen zum Wirtschaftskrieg auf. Sie erklären die Regierungsagenda zum Erfolg, diffamieren die Kritiker. Sie führen in Wahrheit den Krieg der gefälschten Bilder. Gegen alles und jeden, der sich gegen sie auflehnt. Sie verleumden und kriminalisieren. Sie hetzen und spalten die Gesellschaft. Sie verbiegen die Realität, sie fälschen die Fakten. Entgegen jeder wissenschaftlichen Erkenntnis machen sie aus zwei Geschlechtern gleich hundert. Das Gendern ist ihre neue Bibel. Die Opportunen landen auf ihrer Gästeliste, die Kritischen im Müllkübel der *Cancel Culture*, im Fegefeuer ihres medialen Prangers. Und für diese Giftmischer wird das einfache Volk zwangsweise zur Kasse gebeten, muss für die verbreitete Lüge ordentlich löhnen. Was der klassischen Charakterisierung der Propagandainstrumente von längst vergangenen Diktaturen entspricht, ist heute der Öffentlich-Rechtliche. Der letzte geschützte Bereich polternder Politoffiziere, ein Naturreservat ewiggestriger Agitatoren, die sich auf Kosten des Volkes und entgegen dem Willen desselben schamlos austoben. Der Öffentlich-Rechtliche, ein Versuchslabor zur Entwicklung einer neuen Welt, in der Recht und Ordnung nichts mehr gelten, in der Naturgesetze außer Kraft gesetzt werden, in der Vernunft und intellektuelle Redlichkeit verpönt sind. Von Gottes Gnaden am Thron des

Öffentlich-Rechtlichen sitzen die zwangsfinanzierten Redakteure, sie sind die personifizierte verlängerte Werkbank der politisch korrekten Tugendterroristen und entziehen sich jeglicher Kontrolle. Kassieren hingegen können sie, die besten geheimen Gehälter zahlt ausgerechnet jenes Unternehmen, das sich ausschließlich über Zwangsgebühren finanziert. Limousinenpark, Gagen jenseits von Gut und Böse, Privilegien, Nepotismus. Ja, das Regime lässt sich bei der Entlohnung seiner Megaphone nicht lumpen. Das belogene Volk hingegen brennt wie Luster. Denn die dümmsten Gebührenkälber mästen ihre Schlächter selber.

25. OKTOBER 2022

Verzicht ist unsere große Stärke. Denn aus Solidarität müssen wir ja verzichten. Es ist unser heroischer Beitrag der aufgezwungenen Solidarität, mittels absolutem Verzicht uns selbst ohne Wenn und Aber zu zerstören, damit wir jenes fürchterliche Leid ansatzweise am eigenen Leib empfinden, dass die von Vernichtung Geplagten auch verspüren müssen. Daher sollen wir auf unseren Strom verzichten, auf die Heizung, auf die Sozialleistungen, auf unser Einkommen, auf Treibstoff, auf Heizöl, auf leistbare Lebensmittel, auf erschwingliche Mieten, auf unseren Wohlstand, auf werthaltige Gehälter. Denn wer nicht verzichtet, ist – nach Lesart des europäischen Establishments – ein Kollaborateur. Wer nicht verzichtet, ist ein Schuft, ein treuloser Knecht der Russen, ein schändlicher Sklave Putins, ein Vaterlandsverräter. Nur wer arm ist, absolut arm, wer sich jeglicher Güter des täglichen Lebens entschlägt, wer am Existenzminimum kriecht, ist ein anständiger, rechtschaffener, ja eben solidarischer und vollwertiger europäischer Bürger. Und die Moral kann man ans Revers heften, wenn überhaupt noch ein Sakko übrig ist. Die Armut tragen wir künftig wie den großen Widerstandsorden. Wer nicht selbst bei höchstens 15 Grad Wohnzimmertemperatur hungert, nur kalt duscht, um seine Existenz bangt, sich um die Zahlung der Kreditraten sorgt und an der Armutsgrenze steht, darf nicht mehr gehört werden. Denn die Darstellung des ökonomischen Verzichts europäischer Bürger ist Hochverrat an der guten Sache, dem einzig wahren Krieg gegen Russland. Schicklgruber hätte es wahrscheinlich nicht anders beschrieben. Wie damals leidet das einfache Fußvolk und die Nomenklatura feiert. Ausgerechnet jene, die dieses Hohelied der Solidarität und des Verzichtes predigen, genehmigen sich selbst hingegen eine steuergeldfinanzierte Gehaltserhöhung. 50.000 EU-Beamte und Brüsseler Politiker bekommen mehr als sieben Prozent mehr. Frau Von der Leiden kassiert überhaupt gleich 2000 Euro zusätzlich zur ihrer Megapension. Jetset-Urschl statt Flinten-Uschi. Das ist doch der Beweis für das neue Wirtschaftswunder, das eben aber nur die Bonzen und Bürokraten erfahren. Als Teuerungsausgleich bekommen sie es, während Millionen Bürger in Europa nicht mehr wissen, wie es weitergeht. Ja, das ist die Solidarität, die das Establishment meint.

26. OKTOBER 2022

Was ist Österreich für mich? Jenes Land, in dem ich geboren bin. Jene Heimat, die mir Geborgenheit, Frieden und Sicherheit gab, gibt und geben wird. Jene Nation, die mir Identität, Glauben und Stolz schenkt. Dieses großartige, gesegnete Stück Erde ist meine Herkunft und meine Zukunft. Denn ich liebe mein Land! Österreich ist ein Lebensgefühl voller Geschichte, Tradition, Kunst, Kultur, Religion, Sprache, Wissenschaft, Sport und Natur. Wir leben auf einem guten, alten und geschichtsträchtigen Boden, großartige Österreicherinnen und Österreicher haben dieses Land geformt. Durch all die Schicksalsschläge der Weltgeschichte, durch all die fürchterlichen Wirrungen und Irrungen der Jahrhunderte hat unser Land Bestand. Immerwährend Österreich! Es sind die tapferen Bürgerinnen und Bürger unseres Landes, die wahren Helden, die Großen wie die Kleinen, die Jungen wie die Alten, die Frauen wie die Männer über all die Generationen hinweg, die – jeder an seiner Stelle – den wachen Geist unserer Heimat bewahrt haben und auch in Zukunft schützen werden. Heute verneige ich mich vor all jenen Menschen, die den Glauben an unser Österreich nie verloren haben. Auf die Menschen unseres Landes können wir stolz sein, ihnen sind wir zu Dank verpflichtet. Wir können stolz sein, in einem Land leben zu dürfen, das so einzigartig ist. Manchmal war es groß, manchmal wieder klein. In unseren Herzen ist es jedenfalls riesig! Wir können stolz sein auf unsere Geschichte, auf die Gegenwart, und mit Mut in die Zukunft blicken. Wir können stolze Patrioten sein und dies auch am heutigen Tag einmal mehr zeigen. Achte jedes Mannes Vaterland, aber das deinige liebe! Schönen Nationalfeiertag!

28. OKTOBER 2022

Die heiligen drei Könige aus Wien – Kaspar Karl, der letzte Schmähammer, Melchior Gewessler und Balthasar, der Finanzminister, dessen Namen man sich nicht merkt – pilgerten stilecht im steuergeldfinanzierten Learjet nach Abu Dhabi, warfen sich beim Anblick des langen Bartes des großen Propheten in den Wüstenstaub, jodelten in höchsten Tönen „Allahu akbar" und erbaten demütigst vom Emir teures Flüssiggas für Österreich. Nachdem der kleine Charly dem Scheich Chalifa aus lauter Enthusiasmus gleich die linke Hand, also das schmutzige Scheißhändchen reichte, wusste man selbst in den Vereinigten Arabischen Emiraten, dass es sich beim Gast um den wohl größten türkisen Esel der fernen Alpenrepublik handelte. Und das, obwohl man im Schatten des Minaretts auch Basti schon kannte. Aber sei's drum: Mit Eseln handelt man gut, sagen zumindest die Kamele.

Apropos Kamele: Eleonore Gewessler, die moralisch gefestigte Anstandsdame des grünen Koalitionspartners, rümpfte zwar die vor Verlegenheit blinkende Nase, denn Abu Dhabi ist halt keine Vorzeigedemokratie, Frauenrechte gibt's nicht, dafür aber wenigstens die Todesstrafe. Und über die Terrorfinanzierung blickt man in grünen Kreisen charmant hinweg. Denn im Gaskrieg herrschen anderen Prioritäten: Zuerst kommt das Gas, dann die Moral, steht bei Prophet Bert geschrieben.

Diese Weisheit tat der armseligen Inszenierung im vergoldeten Prunkpalast aus „1001 Nacht" keinen Abbruch, und so schacherte der nie gewählte österreichische Kanzlerdarsteller mit dem Scheich wie andere am Suq von Dubai um Pistazien und Datteln. Aber wie so oft, wenn Filzmaiers Kommunikationslehrling auf große Tour geht, geht's schief. Und so kam er zurück, Karl der Letzte vom Ölfelde, und außer einer Absichtserklärung, sündhaft teures Gas für 65.000 österreichische Haushalte zu importieren, war nicht viel von der Fata Morgana zu sehen.

Die Tatsache, dass vielleicht 2023 auf 2024 ein Schiff kommen wird, das gerade einmal 65.000 von vier Millionen rot-weiß-roten Haushalten versorgen wird, lässt ahnen, dass die österreichischen Regierungskamele noch mindestens 62-mal ins Morgenland pilgern werden. Mit unserem Steuergeld, in ihrem Learjet, auf unsere Kosten. Eher geht ein türkises Kamel durchs Nadelöhr in den Häfen, als dass dieser Deal jemals ein Erfolg für Österreichs Steuerzahler wird.

2. NOVEMBER 2022

Die politische Korrektheit ist die Summe einer neuen, erzwungenen Form der Sprache, die nicht die Wahrheit, die historische Bedeutung und gegenwärtige Realität wiedergibt, sondern schlicht nach ideologischen Grundsätzen versucht, diese zu verfälschen sowie alle, die sich dieser politischen Korrektheit und der damit verbundenen Gesinnung nicht unterwerfen, zu schubladisieren, sie in ihrer Meinung zu neutralisieren. Und diese neue, teils behübschende, negierende, aggressiv eifernde, aber in jedem Fall wahrheitsverdrehende *Political Correctness* ist der Feind des freien Denkens, der intellektuellen Redlichkeit und der Meinungsfreiheit. Mittlerweile ist ja das Kunststück gelungen, die Wortbedeutung der Meinungsfreiheit gänzlich umzukehren. Diese sei nun primitiv, gerade in den sozialen Netzwerken zerstörerisch und zugleich demokratiezersetzend. Langsam, fast schleichend wird versucht, den Menschen doch tatsächlich den vorsätzlichen Raub ihrer eigenen Meinungsfreiheit schmackhaft zu machen. Wie zeigt sich diese politische Korrektheit? Wer die grenzenlose Anarchie eines aufkeimenden Multikulturalismus mit redlichen Fakten und Argumenten kritisiert, ist ein Nazi oder Rassist. Wer die Politik der Zeugen Coronas kritisiert, die Spaltung der Gesellschaft, die hetzerische Impfpflicht, die zerstörerischen Lockdowns, die psychischen Folgenschäden, die Vernichtung des Steuergeldes kritisiert, ist ein Coronaleugner, Schwurbler oder Covidiot. Wer den Wirtschaftskrieg hinterfragt, die Historie des Konfliktes zwischen Russland und der Ukraine thematisiert, die neue Armut anprangert, die Ursachen der Inflation bekämpft, für Frieden und gegen Waffen eintritt, ist ein Putintroll oder ein Kremlknecht. Wer die These des Klimawandels mit den historisch immer wiederkehrenden klimatischen Veränderungen in Verbindung bringt, sich und seinen Lebensstil nicht geißelt, nicht freiwillig Klimasteuern zahlen oder über die sich auf die Straßen klebenden Aspergerapokalyptiker jubeln will, ist ein Klimawandelleugner. Wer den Islam kritisiert, die Terroropfer beim Namen nennt, ist islamophob.

All die Zahlen und Fakten zählen nicht, die Vernunft wird vom Tisch gewischt. Die politische Korrektheit ist somit die Etablierung einer ideologischen Sprachpolizei, einer künstlich konstruierten Lüge, die, wie die *Cancel Culture* oder das Gendern, als Instrument der Einschränkung der Meinungsfreiheit fungiert.

3. NOVEMBER 2022

Ausgerechnet Giorgia Meloni stoppt Rukola Rakete. Ausgerechnet die neue Regierung Italiens schafft jenen Wandel, den vorher alle für unmöglich gehalten haben. Ausgerechnet die als Neofaschistin titulierte und diffamierte neue Ministerpräsidentin legt den kriminellen Schleppern das Handwerk. Ein trauriger Tag für alle pragmatisierten Schutzmantelmadonnen des Asyltourismus, die mit vollem Eifer und unter der Obhut des regenbogenfarbenen Einhorns linken Multikulturalismus' die letzten Jahre das dreckige Geschäft jener Mafia gemacht haben, die unter Ausnutzung der Armut von Menschen in Afrika diese über das Mittelmeer entweder in das Sterben im kalten Nass oder in die Illegalität Europas führte. Diese Mörder, diese Zuwanderungssirenen, die mit ihren Schalmeientönen von den offenen Grenzen des Kontinentes arme und geschundene Völker regelrecht dazu einluden, ihr letztes Hab und Gut windigen Piraten in den Rachen zu werfen, um in die Sozialsysteme Deutschlands oder Österreichs zu gelangen. Und in moralischer Selbstüberhöhung warteten die selbst ernannten Retter im Mittelmeer, um die durchnässten Opfer ihres eigenen Tuns mediengerecht – denn der Fotoapparat war immer dabei – an

Bord zu nehmen. Die Schlepper konnten sich auf die NGOs verlassen. Sie verlangten die volle Fuhr und lieferten auf halber Strecke ab. Bis eben nun die italienische Regierung diesem Gewerbe einen Strich durch die Rechnung macht. Giorgia Meloni lässt keine NGO-Schiffe mehr an Land gehen. Giorgia Meloni macht nun jene Arbeit, zu der die Frontex-Einheit der Brüsseler Bürokraten nicht willens und in der Lage war. Rukola Rakete, das verwöhnte Kommunistengör aus Deutschland, ist somit arbeitslos. Sie kann sich ihren Rastazöpfen widmen oder sich wie ihre Gesinnungsgenossen zwar nicht auf den Asphalt, aber auf einen Schiffsbug kleben. Als Galionsfigur der gutmenschlichen Erfüllungsgehilfen der Dummheit.

5. NOVEMBER 2022

Eine Regierung, die über keinerlei Mehrheit mehr innerhalb der Bevölkerung verfügt, zwei Regierungsparteien, die sich wie Ertrinkende aneinanderketten, die für die größten Grundrechts- und Verfassungsbrüche in der Geschichte der Zweiten Republik verantwortlich zeichnen, das Ministerpersonal so oft wechseln mussten wie andere die Unterhosen, Korruptionsskandale am laufenden Band verursachen, mit ihrer Sanktionspolitik die höchste Inflationsrate seit dem Zweiten Weltkrieg auslösten, sind dem sofortigen Urteil der Bürgerinnen und Bürger zuzuführen. Zweifelsohne handelt es sich beim Kabinett Nehammer (vormals Schallenberg) (vormals Kurz) / Kogler um eine Regierung der Superlative: Sie bilanziert nämlich das größtmögliche Scheitern einer Regierungsspitze in der Geschichte der Zweiten Republik. Sie ist die Ursache der Probleme und nicht die Lösung. Der von Parteien gestreute Spin, wonach Neuwahlen eine Instabilität auslösen könnten, ist insofern falsch, als ja dann folglich nur eine Diktatur ohne jegliche Wahlen Stabilität bedeuten würde. Der Wähler hat immer recht, und dieser soll endlich über ein neues politisches Establishment entscheiden können. Daher: Neuwahlen, ohne Wenn und Aber!

7. NOVEMBER 2022

Wer seine Minderheitenideologie beinhart einer Mehrheit aufzwingt ohne dafür demokratisch legitimiert zu sein, die Unterwanderung der Gesellschaft gegen den Willen der Bürger aggressiv und missionarisch betreibt, Illegalität und Kriminalität deckt und beschützt, die Identität des Landes und dessen Mehrheitsgesellschaft negiert und sogar bekämpft, ungeniert gegen Meinungsfreiheit, für Denkverbote und Zensur eintritt, ist eine Gefahr für die Demokratie, das Volk und das Land!

Wer den Menschen die ökonomische Freiheit raubt, das dem freien Bürger dienende Wirtschaftssystem mutwillig zerstören und durch eine Planwirtschaft ersetzen will, den über Jahrzehnte aufgebauten Wohlstand vernichtet, für Krieg und Waffen statt für Frieden eintritt, die ökonomische Freiheit gezielt untergräbt, die eigenen Wähler betrügt und belügt, demokratische Entscheide nicht achtet, ist eine Gefahr für die Demokratie, das Volk und das Land!

Wer unter dem Deckmantel der umweltbewegten Narrenfreiheit seinen Parteinachwuchs paramilitärisch organisiert und Terrorismus wie Vandalismus betreibt, die Bürger bevormundet, grundlos in Angst und Schrecken versetzt, das Grundrecht auf Selbstbestimmung und ökonomische Freiheit verletzt, ist eine Gefahr für die Demokratie, das Volk und das Land!

Wer die Grund- und Freiheitsrechte der Menschen negiert, die Verfassung bricht, mit der Propagandawalze der Angst die Freiheit einschränkt, einem autokratischen politischen System aus den niederen Instinkten des Machterhaltes die Räuberleiter macht, in selten dagewesener Präpotenz und Überheblichkeit andere Meinungen autokratisch vom Tisch wischt, ist eine Gefahr für die Demokratie, das Volk und das Land!

Sind die GrünInnen nun eine Gefahr für das Land? Ich glaube, es gibt derzeit keine größere!

9. NOVEMBER 2022

Sei es in Linz oder in Salzburg: Das Ergebnis einer aus den Fugen geratenen toleranzbewegten Willkommenspolitik zeigt sich an allen Ecken und Enden des Landes. Und all das, weil man gegenüber Intoleranten tolerant sein will, Unintegrierbares nach wie vor integrieren will. Mit der Abwandlung des Zitats von Peter Scholl-Latour kommt man auch mit Blick auf die jüngsten Halloween-Ausschreitungen zum einzig denkbaren Schluss: Wer halb Kabul aufnimmt, darf sich eben nicht wundern, wenn er Kabuler Verhältnisse auf seinen Straßen hat. Aus lauter Angst vor einem importierten gewaltbereiten Mob sagt die Landeshauptstadt Linz gleich vorsorglich die Silvesterfeiern ab. Damit sind wir endlich so weit: Wir beugen uns anderen Ländern bzw. deren Sitten und den diesen Sitten geistig verhafteten Abkömmlingen! Wir ändern unsere Lebensart aus lauter Angst davor, dass unsere Identität mit einem Teil der seit 2015 hereinströmenden Glückskinder der nach wie vor anhaltenden „Wir-schaffen-das"-Karawane nicht kompatibel sein könnte. Statt mutig und wehrhaft unsere Kultur, unsere Art des Zusammenlebens, die geistigen Errungenschaften unseres Landes zu verteidigen, kapitulieren wir vor der möglichen Gewalt. Nicht ein Großteil dieser Ankömmlinge passt sich unserem Rechtsstaat, unseren Regeln und Sitten an, sondern wir sollen deren Sitten und Regeln dulden. Dabei hätten wir nun sieben Jahre Zeit gehabt, aus dem anfänglichen Wahnsinn dieses Horrorsommers 2015 zu lernen. Dublin I und Dublin II, geltendes EU-Recht übrigens, besagen, dass das alleinige Asylverfahren im Erstaufnahmeland abzuwickeln ist. Nachdem Österreich keine EU-Außengrenze bildet, dürfte seit Jahren kaum ein Asylwerber Aufnahme gefunden haben. Wir müssen an unseren Grenzen stärker kontrollieren und jene umgehend abweisen, die ohne gültigen Aufenthaltstitel für Österreich das Staatsgebiet betreten wollen. Jene, die im Land sind und hier eine Straftat begehen, haben jedes Recht verwirkt, sich weiter im Land aufzuhalten, sind abzuschieben und mit einem Aufenthaltsverbot zu belegen. Das sind wir uns, unserem Land, unseren Bürgern, aber auch jenen, die sich die vergangenen Jahrzehnte bestens integriert haben, einfach schuldig.

15. NOVEMBER 2022

Das Bargeld gehört abgeschafft, zumindest limitiert. Der einst freie Bürger wird um seine Talerchen unterm Polster erleichtert, damit seine ökonomische Freiheit, seine finanzielle Selbstbestimmung eingeschränkt. Wer ausgibt, wird in Zukunft kontrolliert. Von den Banken und letztlich von Big Brother, dem in alle Bereiche des Lebens tief eingreifenden Staat. Das „digitale Bargeld“ kommt, formuliert Deutschlands einstiger Liberaler Christian Lindner den teuflischen Plan. Der hellblaue Dümmling und Parvenü mit Hang zum Jetset setzt alles auf die babylonische Sprachverwirrung. Denn Bargeld kann nicht digital sein, sonst wäre es ja kein Bargeld mehr. Wurscht, wird schon keiner drauf kommen, denkt sich der Feuerbestatter jedes liberalen Denkens. Die nächste Etappe eines globalen Angriffes auf die individuelle Freiheit des Menschen ist jedenfalls gezündet. Nancy Faeser, Innenministerin der Hampelmännerkoalition, eilt Lindner zur Seite. Das Bargeld müsse eingeschränkt werden, verkündet die rote Chefgouvernante aus der gestrengen Kammer des Ostsozialismus. Und wer ist schuld? Ja, natürlich die Araberclans. Denn diese finanzieren sich mit Schwarz- und Schmiergeld, also mit Bargeld aus illegalen Geschäften. Und weil ebendiese von der Regierung importierten Kriminellen sich des Bargeldes bedienen, muss es für alle Deutschen abgeschafft werden. Dieser Theorie folgend muss man auch die Demokratie abschaffen, weil sich die Regierung ständig des Wahnsinns bedient. Oder die Steuern abschaffen, weil einige schwarze Schafe die Steuern nicht zahlen. Oder wir schaffen weltweit alle Waffen ab, weil sich Mörder dieser bedienen. Aber um das geht’s ja gar nicht. Die Waffen braucht man, weil man von Lobbyisten ein paar Parteispenden bekommt. Die Steuern braucht man, um sie zu verschwenden und sich die eigenen Taschen vollzustopfen. Und auch die Regierung braucht man, sonst haben die geistig Obdachlosen der deutschen Innenpolitik keinen Job mehr. Das Bargeld braucht man nicht. Denn das bedeutet ja nur Freiheit für die Bürger. Und diese ist den Regierungen ein Dorn im Auge. Daher wird die Freiheit bekämpft. Mit dem Klimawandel, mit Corona, mit dem Ukrainekonflikt oder eben mit dem Angriff aufs Bargeld. Ausgerechnet Otto von Bismarck formulierte richtig: „Die Freiheit ist ein Luxus, den sich nicht jedermann gestatten kann.“ Oder: den man nicht jedermann gestatten darf. Wo kämen wir da hin?

Freude schöner Raketenfunken, endlich beginnt der Dritte Weltkrieg! „2 Tote! Putin feuert Raketen nach Polen!“, titelt der deutsche Boulevard. Der Blutdurst und die Gier nach Krieg, Tod und Terror war im Elaborat der Zeitungskloaken kaum verborgen. Eifernd setzten sich die Vertreter der nunmehr amtlich bestätigten Lügenpresse hinter ihre Schreibtische, nahmen zittrig den Kugelschreiber, die alleinige Waffe der Journalismus studierenden Zivildiener, und hatten endlich den „rauchenden Colt“, mit dem sie die NATO und damit die USA sowie Europa in einen Weltkrieg treiben wollen. Die Rakete auf Polen stamme aus Russland, Putin selbst habe den Angriff auf ein NATO-Land befohlen. Selenskyj, die Marionette Joe Bidens, stand in der Sekunde – vom Raketeneinschlag wusste noch nicht einmal die Welt – umgehend Gewehr bei Fuß und forderte in beschwörendem Ton den „totalen Krieg“ gegen Russland. Wie schon einst Hitlers Angriff auf Polen den Zweiten Weltkrieg auslöste, erhofften sich die Kriegstreiber und Waffenlobbyisten dies- und jenseits des Atlantik, dass nun mit dieser bühnenreifen Darstellung endlich die große Stunde gekommen sei, Atomraketen gegen Moskau abzufeuern. Der Sabber lief ihnen aus den Mundwinkeln, so groß war der Hunger nach einer gewünschten Eskalation. Es sollte die regelrechte Bestätigung werden, dass Putin – als zweiter Hitler – folgerichtig wieder Polen angreift. Das polnische Kriegskabinett, also der Filialbetrieb der NATO, kam sofort zusammen, um Paragraf 5, also den gefürchteten NATO-Bündnisfall, zu beschwören. In Berlin rotierten die Hampelmänner der Koalition, um mit ernster Miene das deutsche Volk auf den Krieg einzustimmen. Einen kleinen Schönheitsfehler hatte die Erzählung von Anbeginn: Das bereits gestern bekannt gewordene Raketenmodell hat nur eine Reichweite von 70 Kilometern. Der Abstand zu russischen Positionen in der Ukraine beträgt im günstigsten Fall ganze 600 Kilometer. Welchen Nutzen selbst ein Moskauer Despot davon haben sollte, Polen als NATO-Land mit einer Rakete anzugreifen, erschließt sich keinem erfahrenen Militaristen. Und so blieb es nicht beim Hornberger, sondern beim Ukrainischen Schießen. Die Rakete stammte aus der Ukraine, welch Zufall.

Bei der österreichischen Bundespräsidentenwahl 2022 gelang es Gerald Grosz, als unabhängiger Kandidat wesentliche Themen zu setzen. Bild: privat

Der Glaube ist die Wurzel des Kontinentes: Gerald Grosz mit dem ehemaligen Privatsekretär Papst Benedikts XVI., Erzbischof Georg Gänswein. Bild: privat

Bild: Deutschland-Kurier

Hans-Georg Maaßen ist ein gutes Beispiel dafür, dass man selbst für redliche Kritik diffamiert und verteufelt wird.

Man muss den Narrativen der Meinungsmacher die Wahrheit gegenüberstellen. Kritisch, unzensiert und unabhängig: Gerald Grosz mit Václav Klaus und „Weltwoche"-Herausgeber Roger Köppel.

Viktor Orbán rät jedem politischen Menschen: „Fahre einmal im Jahr zu Václav Klaus und höre ihm zu!“ Der legendäre tschechische Staatspräsident Klaus hat Spaltung und Diktatur überwunden. Er ist ein wertvoller Ratgeber. Bild: Institut Präsident Václav Klaus (Prag)

Bild: privat

AfD-Bundessprecherin Alice Weidel ist eine starke, intelligente und geradlinige Frau. Mit ihr könnte es eine Trendwende in Deutschland geben.

Bild: privat

Viktor Orbán leistet der Entrechtung der Menschen Widerstand. Ungarn und er sind ein Bollwerk der Freiheit und Vernunft in einem aus allen Fugen geratenen Europa.

Gerald Grosz mit New York Citys legendärem Bürgermeister Rudy Giuliani: „Wir sind keine Insel der Seligen mehr. Wir müssen uns vernetzen, um für bürgerliche Rechte und Freiheit zu kämpfen!"

Die freiheitsliebenden Kräfte Europas müssen sich vernetzen, denn die EU ist hauptverantwortlich dafür, dass der Bürger zum perfekten Untertan mutiert. Gerald Grosz mit Jordan Bardella, Vorsitzender des französischen Rassemblement National.

Bild: privat

Der Wahnsinn schwappt aus den USA zu uns. Es ist gut zu wissen, dass die amerikanischen Republikaner dagegenhalten: Gerald Grosz mit Donald Trump jr.

Gerald Grosz bestreitet seit sechs Jahren auf oe24.tv bei „Fellner! live“ das wohl spannendste Politduell im deutschsprachigen Raum. Bild: oe24.tv

Gerald Grosz nimmt kein Blatt vor den Mund: Als scharfzüngiger Politkommentator ist er beliebter Interviewpartner. Bild: privat

Die Opfer sind Polen. Die Deppen sitzen in Berlin. Und die Welt wurde vorerst verschont.

20. NOVEMBER 2022

Zum Teil stimmten Wähler auf kopierten Stimmzetteln ab. Oder sie durften nach Wahlschluss um 18 Uhr noch ins Wahllokal, um ihr Geschäft zu erledigen. Oder es fehlten schlichtweg die Stimmzettel, und Menschen mussten ewig lang auf ihr demokratisches Recht warten. Das ist kein Kurzbericht der OSZE über die Stadtverwaltungswahl in Managua (Nicaragua) oder ein Kommuniqué des jüngsten Parteitages der Sozialistischen Arbeiterpartei Nordkoreas, sondern das vernichtende Urteil der Verfassungsrichter über die Wahl zum Berliner Abgeordnetenhaus 2021. Berlin, die Hauptstadt Deutschlands. Das Epizentrum deutscher Genauigkeit, der Ursprung preußischer Tugenden. Und dieses Berlin ist im Jahr 2021 tatsächlich nicht imstande, ordnungsgemäß freie, demokratische, unanfechtbare Wahlen in einer freien, vorgeblich demokratischen Stadt eines vorgeblich demokratischen Staates durchzuführen. Oder, könnte man auch meinen, diesmal kamen sie mit dem Wahlbetrug nicht durch, die Richter machten ihnen – zögerlich, aber doch – einen Strich durch die Rechnung. Wie man es nimmt: Gelernt hätten sie es ja, die rot-grünen Berliner Erben des Erich Honecker. Die gute alte Margot hätte es wahrscheinlich nicht anders gemacht. Ein paar Stimmzettel verbrennen wir hier, dort kopieren wir noch ein paar für verdiente SED-Mitglieder, für unsere Parteigänger lassen wir die Wahllokale ein wenig länger offen, denn auch der Hauptmann von Köpenick möchte zehn Mal zur Urne schreiten. *Cui bono*, würde man sich nun fragen, nachdem Wähler getäuscht wurden, eine parlamentarische Versammlung nicht legitimiert ist, ihre Beschlüsse daher ungültig sind. Wem hat's genutzt? Richtig, den GrünInnen und der SPD. Sie waren die großen Sieger dieser geschobenen Sause, sie sitzen nun in der Regierung aufgrund eines amtlichen Wahlbetruges. Sie sind die Profiteure der Wahllüge, sie haben sich mit einem Wahlskandal die Macht erschlichen. Das sollten sich die Berlinerinnen und Berliner für das nächste Mal merken. Denn wie heißt es so schön? Wahltag ist Zahltag. Und das nächste Mal ohne Wahlbetrug!

21. NOVEMBER 2022

20 Jugendliche besetzen die Haupteinfahrt des Asylzentrums Traiskirchen. Sie protestieren mit Bengal-Feuer gegen offene Grenzen, gegen den Missbrauch des Asylrechtes, gegen die Tatsache, dass Österreichs Regierung eine noch höhere Anzahl an Asylanträgen als im Horrorjahr 2015 verantwortet. Sie protestieren gegen die Unterwanderung der Gesellschaft, die Ausnutzung unseres Sozialsystems. Der Innenminister, einstiger Vorzeigeschüler Ernst Strassers, meldet sich umgehend zu Wort, tritt vor die Medien, verurteilt diese Tat auf das Schärfste. Die Jugendlichen seien „paramilitärisch" organisiert, sie seien als „rechtsextrem" zu klassifizieren, mit „aller Härte des Rechtsstaates" werde gegen sie vorgegangen, eine Fahndung sei eingeleitet worden. Derweil kleben sich Mitglieder der „Letzten Degeneration" auf Straßen und an Gegenständen illegal fest, blockieren Rettungsfahrten, verursachen Millionenschäden, vandalieren Museen, zerstören Kunstwerke, schikanieren unbescholtene Bürger. Der terroristische Nachwuchs der Aspergerapokalypse organisiert sich paramilitärisch, radikalisiert sich zusehends, wandelt auf den Spuren der RAF, sie und ihre Helfershelfer relativieren die Opfer ihrer eigenen Taten. Gegen sie hagelt es natürlich keine Anzeigen, sie werden vom Establishment gehätschelt und gepflegt, die linken Medien applaudieren teilweise. Finanziert werden sie über das Ausland, die Geldflüsse werden verschleiert. Richter erklären, dass die Klimaterroristen ja nur aus dem Notstand heraus agierten, daher müsse man sie verstehen, seien ihre Opfer einkalkulierbare Kollateralschäden der guten Sache. Bestenfalls Verwaltungsübertretungen hätten sie sich schuldig gemacht. Das zahlt man doch aus der Portokasse. Der Innenminister schweigt, hat sich angesichts dieses fortgesetzten Wahnsinns kein einziges Mal zu Wort gemeldet. Der ausgewiesene Dollfuß-Sympathisant sieht im Klimaterrorismus der radikalisierten Pampalatsch seines Koalitionspartners eben kein Problem. Ja, Uhu-Schnüffeln gehört offenbar zum guten Ton des im Antisemitismusverdacht

gestandenen Ministers. Wir lernen: Sich paramilitärisch zu organisieren ist begrüßenswert, wenn man sich für die richtige Sache einsetzt. Sich über Geldwäsche aus dem Ausland für kriminelle Aktivitäten im Inland finanzieren zu lassen, ist dann gut und recht, wenn es die sogenannten Guten tun. Terroristische Aktivitäten sind grundsätzlich dann positiv, wenn man dabei auf der „richtigen Seite der Geschichte" steht. Denn der Zweck heiligt eben die Mittel. Und solange ausgewiesene Heuchler in der Regierung sitzen, ist dieser Leitsatz Staatsziel Nummer 1. Cicero sagte prophetisch mit Blick auf die gegenwärtige Zeitgeistprostitution der politischen Elite: „Der niederträchtigste aller Schurken ist der Heuchler, der dafür sorgt, dass er in dem Augenblick, wo er sich am fiesesten benimmt, am tugendhaftesten auftritt."

29. NOVEMBER 2022

Je schleißiger die Leistung einer Regierung, je desaströser die Umfragen, je größer der Hass eines Volkes auf eine schwache Führung, je weniger Wohlstand für alle, umso größer die Sorgen über die Zukunft, umso mehr Posten für die größten Pfosten eines Landes. Das ist die gute, alte Formel, der unverbrüchliche Grundsatz des linken Nepotismus, der Vetternwirtschaft, des Parteienproporzes, der in Deutschland nach Jahrzehnten wieder seine große Auferstehung feiert. Postenfest in Berlin ist daher angesagt, und jene, die bei der Verteilung des Hirnes vor Gott in der letzten Reihe standen, also die dunkelsten Kerzen auf der Torte, schreien „Hier!" und bekommen aus Dank für soldatische Parteitreue einen fetten Job, 100.000 Euro im Jahr, Sekretärinnen, Redenschreiber, eine eigene Klofrau, vielleicht einen Vorkoster, aber zumindest Fahrer und große Büros. Je mehr Arbeitslose eine Regierung produziert, je mehr sie die Wirtschaft und die Bürger schädigt, je größer die Inflation ist, umso dankbarer sind die Regierenden ihren letzten Getreuen, dem gusseisernen Bestand kaputter Parteien. Denn wenn schon das Volk nicht mehr zufrieden ist, muss man eben die Parteifunktionäre auf Steuerzahlerkosten befriedigen, den renitenten Parteiapparat ruhigstellen. Und was eignet sich hier besser als Privilegien, Gehälter und Proporz? Daher gönnt sich die deutsche Regierung 37 parlamentarische Staatssekretäre, 42 Regierungsbeauftragte, und das zu den 16 Ministern mit ihren Dutzenden unnötiger Mitarbeiter, sprich: den intellektuellen Stützrädern in den Büros Berlins. Auch Erich und Margot Honecker sollen die letzten Monate ihrer Regentschaft am meisten Mitarbeiter gehabt haben. Und jeder Megapleitier fährt zur Konkursverhandlung mit dem neuesten Rolls-Royce. Daher bekommt nun, weil Deutschland *de facto* am Ende ist, jeder minderqualifizierte, minderbemittelte, minderbeleuchtete, aber dafür in der Wolle gefärbte Parteisoldat, wenngleich auch ohne Vernunft und Hausverstand, einen Topjob. Nicht die Besten bekommen die Posten, sondern eben die größten Pfosten Deutschlands die wohldotierten Funktionen in Berlin. Versorgungszeit ist, und die Sozialisten, die GrünInnen und die vorgeblich Liberalen schauen in der allgemein vorherrschenden Götterdämmerung noch schnell darauf, den einen oder anderen auf Dauer im System unterzubringen. Durchgefüttert werden sie die nächsten Jahre. Vom wem? Vom Steuerzahler. Der Melkkuh der Nation. Denn nur die dümmsten Kälber füttern bekanntlich ihre Schlächter selber.

30. NOVEMBER 2022

Achtung, Achtung: Es folgt eine Belangsendung des politisch wie ethisch und moralisch korrekten Bildungsministeriums! Das ist kein Adventskranz mehr, sondern – politisch korrekt in der anbrechenden Ära der vorherrschenden linken Zeitgeistprostitution – ein borstiger Tischcockring mit Tannenduft und Kerzenständer. Selbst das wäre aber frauenfeindlich, da neugenanntes Instrument ja nur für die Männerwelt tauglich wäre, also nennen wir es gegendert und politisch korrekt „grüner WaldbaumkranzIn mit Kalenderfunktion für die Wintermonate und Erleuchtungsvorrichtung". Das Wort „Advent" an sich würde zu sehr die religiösen Gefühle all jener verletzen, die unsere Sozialleistungen ansonsten anstandslos annehmen. Also nennen wir den Advent künftig „heizintensive Vier-Wochen-Periode vor dem Lichterfest". Der heilige Nikolaus ist längst dem genderistischen Bildersturm zum Opfer gefallen, wird er doch nun in den Kindergärten frei nach Balenciaga als Nicole, das Transmädchen mit den sadomasochistischen Eisenketten, dargestellt. Auch das Christkind ist *perdu*, es heißt ab nun „Transidentes Feiertags-BriefträgerIn". Wir wollen ja nicht die kleinen Kinderlein allzu früh mit dem Christentum, ihrer Identität, der vorherrschenden Kultur konfrontieren, wenn sie der Mainstream-TV-Schrott schon ab fünf Jahren frühsexualisiert und der entsprechende Aufklärungsunterricht mit sieben bereits über TikTok fortgesetzt wird. Der Christbaum an sich heißt „klimawandelbedingt zerzauster CO_2-Tauscher für den Hausgebrauch". Den Christstollen nennen wir eben „trockenfrüchtegeschwängertes Germbackwerk nordeuropäischer Provenienz". Wobei auch das Wort „deutsch" politisch zu sehr belastet ist und daher getilgt gehört. Der Christtag heißt schlicht „Nachlichterfestverdauungstag", denn das wird die religiösen Gefühle der Neubürger nicht verletzen und ist somit ethisch wie moralisch vertretbar. Christbaumkugeln sind „bunte Glückskugeln" und Silvester ist die „Kalenderwende", denn der heilige Silvester ist als ehemaliger Papst des Christentums eine *Persona non grata*. Dies sind die fortgesetzten Anweisungen des religionslosen, menschenlosen, heimatlosen, identitätslosen, hirnlosen Lehrpersonals, das in einer österreichischen Schule aus ethischen Gründen keinerlei Feierlichkeit mehr zulässt, die zu sehr an das Weihnachtsfest erinnern. Ganz ehrlich, politisch inkorrekt: Denen gehört mit der Klobürste täglich das Hirn poliert. Und so wünschen wir eine schöne, friedvolle und gesegnete Adventszeit.

1. DEZEMBER 2022

Es wird kalt im Land. Sehr kalt. Streiks sind plötzlich ein Thema in Österreich geworden. Einem Land, das in den letzten Jahrzehnten kaum Streiks kannte. Denn Unternehmer und Arbeitnehmer saßen im selben Boot. Und dieses Boot hieß Österreich. Ein Land, das wirtschaftlich und sozial prosperierte, ein Land, das trotz aller Widrigkeiten auf einen gewachsenen Wohlstand verweisen konnte. Ein Land, wo der Kuchen für alle mehr oder weniger gerecht verteilt wurde. Ein Land, das keine Energienot, keine gestiegenen Lebensmittelpreise und keine überbordende Armut kannte. Ja, Armut gibt es leider immer.

Aber gerade dieses Österreich hat über Jahrzehnte über alle Parteien hinweg an einem guten Sozialsystem gebaut, das keinen Menschen im Land übrig lässt.

Kalt ist es geworden im Land. Die Strompreise steigen, die Menschen werden mit ihren Sorgen *de facto* allein gelassen. Die Lebensmittelpreise steigen, die Bürger werden von der Politik in ihrer Tristesse im Stich gelassen. Eine Rekordinflation, seit dem Zweiten Weltkrieg nicht gekannt, fegt über dieses Land. Die Teuerung schlägt voll durch. Um elf Prozent wurde unsere Währung entwertet, haben die Bürger einen realen Kaufkraftverlust erlitten. Nur gut und recht, dass die Arbeitnehmer unseres Landes diesen Ausgleich verlangen. Aber vom wem? Von den Unternehmern, die selbst unter dieser Inflation leiden. Von jenen Unternehmern, die selbst mit gestiegenen Energiepreisen kämpfen und die Produktionsstätten mehr schlecht als recht aufrechterhalten. Es ist keine neun Monate her, dass eine Regierung im emotionalen Wahn, zukunftsvergessen, undiplomatisch, die Neutralität und die Verfassung brechend, bei einem Wirtschaftskrieg gegen Russland mit der EU ins Feld zog. Das Ergebnis sind die verrückten Energiemärkte, die damit erst begründete Horrorinflation. Und nun erleben wir die Konsequenzen. Streiks, der Beginn eines für Österreich ungewohnten Arbeitskampfes.

Dabei sitzen wir alle im selben Boot. In einem Boot, in das die eigene Regierung ein Loch bohrte. Die Ursache des Wahnsinns sitzt in der Bundesregierung. Und mit Blick auf die Hin- und Herrschaften geht den einfachen Bürgern im Land das Geimpfte auf. Nein, ich spreche nicht vom gepriesenen Gamechanger, mit dem man hoffte, die politische Hysterie um das Wuhan-Virus zu bändigen. Ich spreche von Gehaltserhöhungen, die sich Österreichs Politiker am Höhepunkt einer Rekordinflation genehmigen wollen. 5,3 Prozent streift das politische Establishment im Land als Bonifikation ein, also als Erfolgsprämie. Für die Regierungsmitglieder, für den Bundespräsidenten, für die Landeshauptleute, Klubobleute, Präsidenten – also für die steuergeldfinanzierte Crème de la Crème des Landes – bedeutet dies mehr als 1000 Euro zusätzlich im Monat. Wer zahlt? Richtig, der Steuerzahler. Wir, die von den Wegelagerern und

Raubrittern ausgebluteten Lakaien eines Systems, das sich die letzten Jahre durch einzigartiges Scheitern auszeichnete.

Zuerst der Corona-Terror, der uns Lockdowns, eine Impfpflicht, Schulschließungen und Milliardenverluste brachte. Dann der Korruptionsterror, der uns täglich mundfertig in kleinen Happen via Medien an den Frühstückstisch geliefert wird. Nun der Asylterror, der doch zeigt, dass unsere politischen Eliten alles andere als lernfähig sind. Und die letzten Monate erschütterte uns der Teuerungsterror. Für die Terroristen blechen wir, brennen wie Luster. Es ist doch zynisch, dass ausgerechnet in einer Zeit, wo das politische Chaos aufgrund offensichtlicher Fehlentscheidungen den Wohlstand der Österreicher vernichtet, sich das politische Establishment eine Gehaltserhöhung leistet. Gehalt verdient nur der, der leistet. Wenn es nach dem Motto gehen würde, dürften unsere Politiker kaum mehr etwas verdienen. Denn das Leistungsprinzip spricht eindeutig gegen die Volksvertreter.

Kalt ist es geworden im Land. Ähnlich kalt ist es in China. Die Chinesen gehen nach drei Jahren Corona-Terror endlich auf die Straße. Sie demonstrieren gegen Lockdowns, gegen die Einschränkung der Grund- und Freiheitsrechte. Von westlichen Medien werden sie dafür bejubelt. Westliche Regierungen sprechen den Demonstranten von Peking ihre Solidarität aus. Können Sie sich noch erinnern, als Hunderttausende Menschen zwischen Berlin und Wien auf die Straße gingen, sich gegen Lockdowns, die Impfflicht, die Grundrechts- und Freiheitsbeschränkungen auflehnten? So lange ist das nicht her. Damals wurden diese Bürger als Covidioten, Schwurbler, Querdenker und Extremisten bezeichnet. Dabei behielten sie recht. *State of the art* der Wissenschaft ist, dass die Lockdowns sinnlos waren, die Schulschließungen unvernünftig, und selbst die Impfpflichtdebatte wird nun von einer Allgemeinheit als einzigartiger Versuch der Spaltung der Gesellschaft klassifiziert. Sie behielten recht, die Demonstranten von Wien. Wie die Demonstranten von Peking. Doch wo liegt der Unterschied? In einem Fall waren sie Verschwörungstheoretiker, im anderen Fall Helden.

Kalt ist es geworden in einem Land, das von Heuchelei und menschenverachtendem Zynismus geprägt wird.

3. DEZEMBER 2022

Ach, das ist doch fein. Die Linken kaufen das teure Blutgas ein. Advent, Advent, der deutsche Steuerzahler brennt. Wie immer, wenn Politiker ihre eigenen Versprechen brechen. Für teures, klimaschädlich herbeigeschafftes Gas aus Katar, weil man das billige russische Gas aus moralischen Gründen nicht kaufen will. Also: Weil Putin ein Schlächter ist, wirft man sich den Schlächtern einer Wüstendiktatur an den Hals und zahlt das Vierfache. Weil Putin Krieg führt, finanziert man mit überhöhtem deutschen Steuergeld ein Regime, das mit weltweiten Gasexporten seinerseits Kriege finanziert. Weil es der Ukraine schlecht geht, verzichtet man auf russisches Gas und finanziert eine Diktatur, in der Bürger keine Menschenrechte haben, in der es allen Menschen schlecht geht. Weil irgendwo auf der Welt ein Krieg tobt, inszeniert sich ausgerechnet die deutsche Regierung als oberste moralische Instanz, und das zulasten ihrer Bürger, die für diese Moral von der Geschicht das Vierfache an Energiekosten zu blechen haben.

Aber ist es die Moral, die exakt jene Regierungsmitglieder leitet, die noch vor wenigen Tagen Fußballer nötigen wollten, auf dem Spielfeld von Katar zu Menschenrechtsaktivisten zu mutieren? Genau jene Politiker, die Schleifchen trugen, Sportler zur Rückreise aus Katar verpflichten wollten, machen nun im Angesicht des Propheten einen Kniefall vor extremistischen Kameltreibern mit ein wenig Geld und Öl? Ja, der moralische Kompass wird eben durch Gold bestimmt. Und wer das Gold hat, macht die Regeln und die Moral.

Freunde, Freunde! Wer dieses Spiel nicht durchschaut, dem ist nicht zu helfen. Deutschland ruft den moralischen Notstand aus, sanktioniert Russland. Russland droht in einer Reaktion mit dem Gasentzug. Irgendwer sprengt die Pipelines nach Deutschland. *Cui bono?* Deutschland kauft in Katar mit teuren Euros Gas, Katar kauft mit gewechselten Dollars in den USA Waffen. Also ist die deutsche Regierung der indirekte Finanzier der US-Waffenlobby, der sie zu den 100 Milliarden Euro Waffenankäufen noch zusätzliche Steuermilliarden der ausgepressten deutschen Staatsbürger als Draufgabe schenkt.

Vielleicht sollte sich die deutsche Bundesregierung nicht die sündhaft teure Erweiterung des Kanzleramtes in Berlin leisten, sondern vor Bidens Pflegeheim in Washington einen Container aufstellen. Dort gehören sie hin, die heuchlerischen Moralapostel, die sich jede Sekunde selbst überführen.

6. DEZEMBER 2022

Stolz wie ein Hahn am Misthaufen feiert sich Deutschlands Kanzler Olaf Scholz selbst. Zwei Drittel seiner Bürger lehnen seine Regierung hingegen ab. Aber das ist für den guten Olaf kein Grund zu verzweifeln. Auch wenn Deutschlands Staatsschiff sinkt, es wird gefeiert wie auf der „Titanic". Denn es läuft doch grandios: politisch durch eine Ampelkoalition, die im ersten Jahr den Parteienproporz, sichtbar durch die maßlose Aufblähung des politnahen Personals, den Tintenburgenmoloch in Berlin, wieder einführte.

Proportional zum Scheitern auf allen Ebenen etablierten die Ministerattrappen eine Regierungshydra mit Dutzenden Staatssekretären und Regierungsbeauftragten, die ihr finanzielles wie berufliches Ausgedinge auf Steuerzahlerkosten als Maden im abgenagten Knochengerüst der übrig gebliebenen Nation erleben dürfen. Das größte Beschäftigungsprogramm in der Geschichte Deutschlands kam nicht dem Volk zugute, sondern einigen wenigen Parteigängern, die in der freien Wildbahn der Privatwirtschaft nicht einmal den Feldweg kehren dürften.

Das Ministerkabinett besitzt das Monopol auf Dummheit, gepaart mit offen zur Schau gestellter Ahnungslosigkeit und garniert mit Sprachfehlern. Baerbock, der stotternde Albtraum jeder Germanistin, ist das internationale Aushängeschild des Scheiterns. Habeck der qualifikationsbefreite Hofnarr zu Berlin. Und Lindner der Schnittlauch auf der Suppe. Überall ein wenig dabei und nie mittendrin. Zu diesem Sammelsurium von Schießbudenfiguren gesellen sich eine Frau Faeser, die mit Brachialgewalt die Meinungsfreiheit in Deutschland beenden will. Und Karl Lauterbach, der Horrorclown der Virologie, der seinem Stammgebiet, der Corona-Hysterie, bis heute nicht abgeschworen hat, dessen bisherige Bilanz einer regelrechten Kremierung des deutschen Gesundheitswesens gleichkommt.

Sie sind sich zwar nirgends einig außer in der Absicht, den Untergangsmarsch der Ahnfrau Merkel fortzusetzen. Da wird die Staatsbürgerschaft Krethi und Plethi vom Hindukusch nachgeworfen, da wälzt man ungeniert die multikulturelle Agenda trotz des täglich gewordenen Einzelfalles. Recht und Ordnung werden außer Kraft gesetzt, Werte wie Gerechtigkeit und sozialer Friede über Bord geworfen. Man baut – das Kanzleramt aus und die Gesellschaft eben um. „Transformation" heißt der neue politische Plan, der die Freiheit durch Bevormundung, die freie Wirtschaft durch Planwirtschaft, das freie Denken durch Zensur, den Wohlstand durch Armut ersetzt.

Stolz wie ein Hahn steht er am Misthaufen, der Scholz. Und unter ihm stinkt es gewaltig.

17. DEZEMBER 2022

Wir bilden uns das nur alles ein. Wir jammern auf hohem Niveau. Anderen ist es viel schlechter gegangen. Die Teuerung ist eine Erfindung der üblen Rechten, die gestiegenen Energiepreise sind eine hinterlistige Lüge von elenden Populisten. Die Inflation nur ein fantasiereiches Hirngespinst der üblichen Querulanten. Die bald unleistbaren Lebensmittelpreise sind reine Spekulation der gierigen Konzerne, auch wenn's ein Greisler ist.

Der Wirtschaft geht's doch so gut wie nie, alle sind glücklich. Der Konsument verfügt über so viel wie noch nie. Die Börsen jubeln doch, eine Rezession ist nicht in Sicht. Das Gefasel von Kriegswirtschaft doch nur ein sehnsüchtiger Wunschtraum der geifernden Opposition.

Das sind die abgehobenen Antworten einer politischen Elite, die ja damit gleichsam beweist, dass sie von der Lebensrealität der Menschen keinen blassen Schimmer mehr hat oder vielleicht nie hatte. Das sind Prognosen eines Establishments, das in seinen gut geheizten Tintenburgen hockt, sich auf Steuerzahlerkosten durchfüttern lässt und ein leistungsfreies, parasitäres Susi-Sorglos-Leben genießt, große Töne spuckt, am

Sessel klebt und nichts Wertvolles zum Erhalt einer friedlichen Gesellschaft beizutragen hat. Allein die Tatsache, dass zur Stunde Menschen über den Stromrechnungen grübeln, nicht wissen, wie sie den vierfachen Preis zahlen sollen, scheint die Regierung und ihre Handlanger nicht zu tangieren. Allein die Tatsache, dass sich Menschen in einem Wohlfahrtsstaat des 21. Jahrhunderts überlegen, ob sie Heizölrechnungen zahlen oder Lebensmittel kaufen sollen, zeigt doch den desaströsen Zustand einer aus allen Fugen geratenen Politik.

Ist es das wert, den einsamen Krieg gegen Putin weiterzuführen und als manövrierfähige Masse das eigene Volk der Armut zu opfern? Haben Generationen von Menschen in Deutschland wirklich völlig sinnlos einen Wohlstand aufgebaut, damit ihn Scholz, Habeck, Baerbock und Lindner im Wahn binnen zehn Monaten zerstören?

21. DEZEMBER 2022

Es ist Fakt, die EU-Außengrenzen sind löchrig wie Schweizer Käse, offen wie ein Scheunentor. Allein die Tatsache, dass die EU seit 2015 nicht willens und in der Lage war, den Außengrenzschutz dieser Gemeinschaft sicherzustellen, täglich Tausende Menschen über die Türkei oder das Mittelmeer unkontrolliert in die EU strömen, von den einzelnen Mitgliedstaaten schlicht durchgewinkt werden und sich dann völlig ungehindert im Land mit dem besten Sozialsystem festsetzen können, ist eine einzigartige Blamage für eine Institution, die für sich den Anspruch erhebt, das Leben der Millionen Menschen auf dem Kontinent zu regeln.

Schengen ist gescheitert, Schengen hat eben nie funktioniert. An den Grenzen haben wir die Zäune niedergerissen und die Polizei abgezogen, an jedem Weihnachtsmarkt stehen dafür zig Polizisten und Betonpoller werden wegen der Terrorgefahr aufgestellt. Die Grenzen haben sich in unseren Alltag verlagert, sehen heute anders aus und sollen uns inmitten unserer Städte und Dörfer vor den Segnungen einer unkontrollierten Zuwanderung schützen.

Der Vorstoß der österreichischen Regierung, den Schengen-Beitritt von Rumänien und Bulgarien zu blockieren, ist aber insofern heuchlerisch, weil wir dann ja konsequenterweise auch alle Wünsche von Italien, Slowenien, Kroatien und Ungarn ebenso blockieren müssten. Solange Regierungen wie die deutsche die NGO-Boote am Mittelmeer finanzieren, das Staatsbürgerschaftsrecht zugunsten der „Wir-schaffen-das"-Karawane aufweichen, eine regelrechte Einladung nach Europa aussprechen, helfen kein Zaun und kein Polizist. Solange eine österreichische Bundesregierung den Klimabonus an Asylwerber auszahlt, der Wiener Bürgermeister ganz ungeniert das Illegale legalisieren will, ist jeder Grenzschutz an der Außengrenze der EU sinnlos.

Die wahren Begünstiger dieses Asyltourismus sitzen eben nicht in Bulgarien oder Rumänien, sondern im Berliner und Wiener Kanzleramt. Es sind jene, die aus Gründen der überbordenden Toleranz, des gutmenschlichen Eiferertums und des von der Wirtschaft gewünschten Wachstums mit aller Vehemenz daran arbeiten, dass unsere Gesellschaft gezielt unterwandert wird. Wir selbst sind für das Scheitern von Schengen verantwortlich!

22. DEZEMBER 2022

War es ein gutes Jahr? Nein, ein Gefälligkeitsgutachten über diesen *Annus horribilis* kann ich Ihnen nicht bieten.

Am Beginn des Jahres stand die Angst. Aus dem Dunkel der Lockdowns kommend, gepeinigt durch ein 2-G- und ein 3-G-Regime, die Mäuler mit dem politischen Mundfetzen bedeckt, wollten vier Parlamentsparteien ohne Wenn und Aber, ohne Rücksicht auf Verluste, trotz Bedenken von Verfassungsrechtlern und Zigtausenden Menschen auf der Straße zu einem in der Geschichte der Republik wohl einzigartigen Vorgang schreiten. Das Impfpflichtgesetz wurde ausgearbeitet. Alle, die nicht freiwillig in Lichtgeschwindigkeit gegen die erlösende Spritze gelaufen waren, hätten mit Zwang, also der Staatsgewalt, zum Impfdoktor geschleppt werden sollen. Jene, die sich nicht dem Impfregime unterworfen hatten, wurden *de facto* als Kriminelle diffamiert. Ich vergesse nicht, ich erinnere mich sehr genau an die Worte einer Frau Mikl-Leitner, eines Herrn Schützenhöfer, eines Herrn Schallenberg, eines Herrn

Mückstein, eines Herrn Nehammer, eines Herrn Kogler, der unzähligen Regierungsexperten, an die Mahnungen einer Frau Meinl-Reisinger, einer Frau Joy Pamela Rendi-Wagner. Gott vergibt, Grosz nie. Und Millionen von Menschen im Land werden ebenso nicht vergessen. Mit welcher Akribie versucht wurde, das Volk zu spalten, Teile davon zu nötigen, schlicht zu erpressen. Spritze gegen Freiheit war der üble Tausch. Und heute, zwölf Monate später, müssen wir erkennen, wie sinnlos diese Maßnahmen waren. Wir müssen erkennen, dass die Lockdowns mehr zerstört als geschützt haben. Wir müssen erkennen, dass die Maskenpflicht die natürliche Immunisierung behinderte und Hunderttausende Menschen ihr diesjähriges Weihnachtsfest im Bett begehen dürfen. Wir müssen erkennen, dass der Gamechanger nicht hielt, was uns die Regierung und ihre Experten versprachen. Wir müssen erkennen, dass dank dieser Politik nur die Pharmakonzerne die großen Gewinner waren. Gottlob hat der Wahnsinn ein Ende gefunden. Zumindest auf der ganzen Welt außer Wien, Peking und Nordkorea.

Vom Regen in die Traufe, von Corona zur Inflation. Der Weg von einer Katastrophe zur nächsten ist eben ein kurzer. Denn schon im Februar erschütterte uns die nächste Hiobsbotschaft: Russland greift die Ukraine an. Dem voran gegangen waren jahrelange Scharmützel, der Krieg ist nun eine Kapitulation der Diplomatie. All jenen, die vor dieser Eskalation warnten, auf Frieden statt auf Krieg setzten, wurde rasch beschieden, dass sie Kreml-Knechte und Putin-Trolle seien. Ja, die Zeichen standen auf Gewalt. Und die Waffenindustrie musste auch verdienen, nachdem die Pharmaindustrie so gute Gewinne geschrieben hatte.

So dümpeln wir seit zehn Monaten im Wahnsinn der Inflation und Teuerung. Denn auf den Krieg folgten die Sanktionen der EU, auf die Sanktionen die Reaktion der Russen. Und dies brachte die Energiemärkte vorhersehbar in Wallung. Wenn man zu 100 Prozent von russischem Gas und Öl abhängig ist, sollte man halt nicht die Hand beißen, mit der man gute Geschäfte machte. Sie meinen, das sei moralisch verwerflich? Da haben sie recht. Aber Außen-, Wirtschafts- und Sicherheitspolitik haben mit Moral wenig zu tun. Es geht um Interessen.

Die USA verfolgen ihre weltweiten Interessen beinhart. Kaum ein Konflikt in einem rohstoffreichen Land, wo nicht die Heere von Joe Biden als Friedensengel auftreten, die Waffenlobbyisten sich dafür bei der nächsten US-Wahl mit großzügigen Spenden erkenntlich zeigen. Das war im Irak so, das ist in Syrien so, das war in Libyen nicht anders. Mit den verrückt gewordenen Energiemärkten aufgrund der Sanktionen der EU stieg die Inflation auf elf Prozent, die Teuerung fegt durchs Land. Eine Situation, die in dieser Härte seit dem Zweiten Weltkrieg nicht mehr spürbar war. Aber für die Solidarität ist uns doch nichts zu teuer! Auch unser Wohlstand nicht.

Und Solidarität haben wir in diesem Jahr zur Genüge gezeigt. Zum Beispiel mit jenen 100.000 Asylwerbern, die allein im Jahr 2022 nach Österreich gekommen sind. Denn unsere Regierung war bis vor wenigen Wochen der Meinung, dass Karl Nehammer und Sebastian Kurz die Balkanroute geschlossen hätten. Ein fataler Fehler, dieser PR-Gag fällt uns nun auf den Kopf. Allein in diesem Jahr kamen mehr Menschen aus Indien, Pakistan, Syrien und Afghanistan als 2015. Und damals stand die Welt Kopf!

Diesmal scheint eben die Regierung ihren Kopf zu verlieren. Das ganze Jahr über gab es keine Umfrage mehr, in der die Regierungsparteien noch eine Mehrheit gehabt hätten. Kanzler Nehammer, der dritte seiner Gattung aus den Reihen der ÖVP in einer Legislaturperiode, liegt bald unter der Wahrnehmungsschwelle. Die ÖVP rutscht auf unter 20 Prozent ab. Die Korruptionsaffären, die WhatsApp-Scharmützel zwischen Sebastian Kurz und Thomas Schmid, die Skandale vom Bodensee bis zum Neusiedlersee haben ihre Wirkung gezeigt. Und der Koalitionspartner klebt derweil fest am Sessel.

Werner „Hicks“ Kogler und Sigi „Stinkefinger“ Maurer kleben ebenso gut wie ihr Nachwuchs. Der klebt seit einigen Monaten auf der Straße. Denn auch der Klimawandel darf in der Aufzählung biblischer Plagen nicht vergessen werden. Und so endet das Jahr nach Pest, Cholera und den grünen Heuschrecken, wie es begonnen hat. Möge sich im kommenden Jahr die Vernunft durchsetzen. Möge es ein besseres als das bisherige werden. In diesem Sinne wünsche ich Ihnen gesegnete Weihnachten, sofern man das politisch korrekt überhaupt noch sagen darf. Genießen Sie die Feiertage mit Ihren Lieben. Und von Herzen wünsche ich Ihnen ein besseres neues Jahr.

29. DEZEMBER 2022

Der Wahnsinn endet, zumindest in Europa, wie er begonnen hat: mit einer Erklärung des deutschen Wirrologen Dr. Drosten. Jenes „Experten", der schon in den 2000er-Jahren mit seiner fatalen Fehleinschätzung zur Vogelgrippe um ein Haar das gleiche Chaos angerichtet hätte, wie es ihm zumindest die letzten drei Jahre zum Leidwesen ganzer Nationen dann doch endlich gelungen ist.

Drei Jahre lang wurden Menschen in ihrer Freiheit beschränkt. Drei Jahre lang wurden Bürger erpresst, regelrecht in die als Erlösung verheißene Spritze getrieben. Drei Jahre lang wurden Kinder ihrer Bildungschancen beraubt. Drei Jahre lang wurden die öffentlichen Budgets der Steuerzahler ausgeraubt, als gäbe es kein Morgen. Drei Jahre lang verdienten sich Maskendealer und Pharmalobbyisten eine goldene Nase. Drei Jahre lang schikanierten Merkel, Spahn, Scholz und Lauterbach ein vollkommen wehrloses Volk. Drei Jahre lang wurden Kritiker der Maßnahmen als Covidioten, Schwurbler, Querdenker und Neonazis gebrandmarkt. Drei Jahre lang wurden unter Beifall des politischen Establishments ungeimpfte Mitbürger in ihrer Existenz bedroht. Drei Jahre lang wurden Medien als Handlanger des virologischen Irrsinns missbraucht. Drei Jahre lang wurde die öffentliche Meinung zensiert, wurden die sozialen Netzwerke instrumentalisiert. Drei Jahre lang hielt man ganze Völker in Angst und Panik. Drei Jahre lang wurden Experten wie Streeck und Co. vom Krisenmanagement ausgeschlossen. Drei Jahre lang setzte man auf Autokratie statt Eigenverantwortung, auf Verbote und Bevormundung statt Selbstbestimmung.

Und nun ist das Ende erreicht. Nicht, weil es das verteufelte Virus nicht mehr gäbe, sondern ausschließlich aus dem Grund, dass man mit diesem keine Politik gegen das Volk mehr machen kann. Weil die Bürger nicht mehr mitziehen, weil sich niemand mehr in Hysterie versetzen lässt. Einige Sadisten sind noch unterwegs, vernachlässigbare Coronisten und Zeugen der Fledelmausreligion.

Nun stehen wir von den Trümmern dieser Politik. Zur Tagesordnung wird man nicht übergehen können. Das wünschen sich vielleicht Drosten und Lauterbach. Man wird diese Täter auf allen Ebenen zur Verantwortung ziehen müssen. Man wird jene, die diesen größten Fehlalarm in der Menschheitsgeschichte ausgelöst haben, vor Gericht stellen müssen. Denn nur an Fehlern und den darauffolgenden Konsequenzen kann die Gesellschaft tatsächlich gesunden!

2023

2. JANUAR 2023

7500 Euro monatlich verdient der höchstpersönliche Spachtelputzer, der Gesichtsrestaurateur, der Stuckaturpfleger des Zinkens von Annalena Baerbock. Die außenpolitische Möchtegerndomina Deutschlands mit unüberhörbarem und quälendem Sprachfehler sowie frappanter Ähnlichkeit mit Gundel Gaukeley behübscht sich eben gern, auf Kosten des Steuerzahlers natürlich. Innen pfui, dafür außen hui, und der gute Michel brennt wie ein Christbaum im Jänner. 7500 Fetzen müssen Deutschlands Bürger monatlich dafür zahlen, dass die Cheflegasthenikerin auf der internationalen Bühne nur wie eine Vogelscheuche spricht, aber eben nicht auf den ersten Blick als solche erkennbar ist.

Eine wahre Grüne, die sich mit den fremden Euros das in Tierversuchen erprobte Luxus-Make-up von fachkundigem Zementpersonal zentimeterweise auf die Furchen streichen lässt, damit sie Emmanuel Macron oder den alten Olaf noch einmal auf Touren bringt. Reden kann sie nicht, denken kann sie nicht, aber wenigstens hübsch soll sie sein, dachten sich Deutschlands GrünInnen. Und ganz ungewollt entspricht sie somit jenem Frauenbild, das die feministische Liga von links an hohen Sonn- und Feiertagen so gern bekämpft. Ein Kartoffelsack und ein gebundener Maulkorb hätten gereicht, um Deutschlands internationales An- und Aussehen wiederherzustellen. Das hätte keine 7500 Euro im Monat gekostet. Das gäbe es gratis, billig eben. Billig wie Baerbock, billig wie ihre Politik, billig wie die PR-Gags, billig wie das gesamte Auftreten der Bundesregierung einer G7-Nation.

Dass sich die GrünInnen nicht schämen! Der Oberkompostierer Habeck verbrät 400.000 Euro im Jahr für den Fotografen. Sein einzelliges Anhängsel will 84.000 Euro im Jahr für Gesichtskleister verheizen. Apropos Heizen: Die Deutschen können sich diesen Luxus nicht mehr leisten. Denn die gefährliche Mischung aus Baerbocks Außenpolitik und Habecks Energietransformation lässt die Energiepreise ins Unleistbare steigen.

Der zweien Freud, der allen Leid. Das ist die neue Gerechtigkeit, die Deutschlands Regierung meint.

12. JANUAR 2023

Weitergehen, weitergehen, hier gibt es nichts zu sehen. Auch wenn das Blut aus der Ader spritzt, für Medien und Politik ist alles geritzt. Keine zehn Tage des neuen Jahres konnten vergehen, und nach dem Mädchen von Illerkirchberg bedauern eine andere deutsche Familie, eine ganze Schule, ein ganzer Ort den brutalen Mord an einer Lehrerin. Rücklings erstochen von einem renitenten Schüler. Zarte 17 Jahre alt, und die Kunst des Messerwerfens hat er professionalisiert, als würde er seit Jahrzehnten im Zirkus Krone auftreten. Man darf sich darüber nicht wundern, denn eine gepflegte Messerstecherei gehört nun einmal zum neuen guten Ton in Deutschland, zum Stadtbild jedes Dorfes, zum gängigen Brauch. Entweder sind Messer im Spiel oder Macheten, oder ist es das einfache Sexualdelikt unter Vorhaltung einer Waffe.

Das sind die neuen Sitten, die Einzug halten. Und dieses neue Gesellschaftsbild, triefend vor Gewalt und damit in der Folge vor Blut, macht auch vor den Schulen nicht Halt. Denn wie die Alten sungen, so jodeln auch die Jungen. Nicht ganz natürlich, denn vor 30 Jahren wurden in unseren Breiten, also im zivilisierten Europa, aufmüpfige Schüler noch in den Raumwinkel gestellt, bekamen einen Klassenbucheintrag, wurden dem Direktor vorgeführt und gelobten hoch und heilig Besserung, also Integration ins Klassenleben. Das ist heute selbstverständlich nicht mehr so. Die Schule ist eben ein Abbild der Gesellschaft. Und wenn die Eltern gewalttätig sind, dann nehmen diese Schüler die Gewalt mit ins neue Kriegsgebiet. Und wenn das Schlachtfeld eben nur eine Schule ist.

Die Reichen haben längst Reißaus genommen, deren Kinder sind in Privatschulen. Warum wohl? Ach, den Grund darf man doch nicht nennen. Denn das wäre ja rassistisch. Übrigens, die Herkunft des 17-jährigen Täters fürchten Politik und Medien auch wie der Teufel das Weihwasser. Ich verrate Ihnen ein Geheimnis: Seppl oder Alois war es keiner. Sinan heißt er, der Täter. Heißt im Übrigen übersetzt: spitzes Messer.

Und jetzt die Denksportaufgabe! Soll man noch versuchen, das Antlitz Deutschlands irgendwie zum Besseren zu wenden, oder hat sich dieses Land als einziger Kriegsschauplatz ohnedies bereits aufgegeben?

13. JANUAR 2023

Noch mehr Panzer, noch mehr Raketen, noch mehr Milliarden in einen Krieg, an dem alle verdienen, nur die Deutschen nicht. Ja, die Kassen der Russen klingeln weiter, denn deren Wirtschaft ist selbst nach zehn Monaten einstimmiger Prophezeiungen nicht zusammengebrochen. Die Kassen Selenskyjs und seiner Freunde klingeln auch, denn bei jeder Milliardenzuwendung an Kiew versickern einige Hundert Millionen ebendort. Die Kassen der US-Waffenindustrie klingeln, denn deren Auftragsbücher sind voll, und irgendwo müssen ja die Panzer der Kriegshetzer nachgekauft werden, die Deutschland der Ukraine liefert. Auch die Kassen im Nahen Osten klingeln, denn die Ölquellen sprudeln, und Öl wie Gas ließen sich noch nie so leicht wie jetzt verkaufen. Die Kassen der Chinesen klingeln, denn diese mausern sich zur neuen alleinigen Wirtschaftsmacht. Nur in Deutschland, da ist der Klingelbeutel stumm, da klingelt nichts mehr, zumindest beim einfachen Bürger. Der singt das Hohelied der Armut, während Erich Scholz oder Olaf Honecker nach noch mehr Krieg schreit und die Panzer auffahren lässt.

Vielleicht dämmert es dem einen oder dem anderen, dass der Kurs des neuen deutschen Kriegskanzlers mit seinen Generalinnen Baerbock und Lambrecht doch kein durchschlagendes Erfolgsmodell ist. Vielleicht dämmert es, dass es nach zehn Monaten verdammten Stellungskrieges keine Lösung gibt außer Leid auf allen Seiten. Vielleicht dämmert es, dass man sich als nützlicher Idiot der USA und Polens geriert. Vielleicht dämmert es, dass die Deutschen wieder einmal die Deppen des Globus sind, weil sie aus lauter moralischer Überlegenheit die Welt retten wollen und sich dabei selbst vernichten. Vielleicht dämmert es, dass Deutschlands Reißbrettgeneräle in alter Tradition dem Untergang entgegensteuern. Und vielleicht setzt sich die Vernunft durch, zu erkennen, dass man sich nicht aus Solidarität selbst umbringen darf.

17. JANUAR 2023

97 Prozent der Ungarn sprechen sich für ein sofortiges Ende der verheerenden Sanktionspolitik aus, knallen der Anstalt abnormer Rechtsbrecher und Korruptionisten in Brüssel regelrecht einen vor den Latz. Man könnte es auch demokratiepolitischen Kinnhaken nennen. Und bestätigen somit die These, dass dieser Wirtschaftskrieg gegen Russland zwar im Namen der Bürger Europas, aber nie mit deren Zustimmung begonnen wurde. Denn wenn Brüssel als vorgeblicher Hort der Demokratie und der Menschenrechte auf sein Volk gehört hätte, gäbe es seit Monaten kein wirtschafts- und sozialpolitisches Selbstmordkommando, das die europäischen Lemminge in den Abgrund führt. Die Ungarn in ihrem direktdemokratischen Entscheid bestätigen eindrucksvoll, dass diese Sanktionitis uns selbst am Ende mehr geschadet hat als Russland. Über dieses Ergebnis hüllen sich europäische Medien seit Tagen in vornehmes Schweigen. Keinen Satz über diese Volksabstimmung liest man, keinen Beitrag in Radio oder Fernsehen hört und sieht man. Denn die direkte Demokratie fürchten die Brüsseler Demokraten wie der Teufel das Weihwasser. Man will ja nicht Pferde scheu machen. Und die Nachrichten über zu viel Demokratie passen nicht in das skizzierte Bild der linken Medien vom autokratischen Ungarn. Ausgerechnet Viktor Orbán lässt das Volk mitbestimmen. Nein, diese Nachricht darf nicht an Ohr und Auge des Bürgers von Resteuropa gelangen. Sonst könnten auch wir auf die Idee kommen, über die Sanktionen direktdemokratisch abzustimmen. Die Ungarn haben bewiesen: Die wirtschafts-, außen- und sicherheitspolitische Misere ist grenzen-, aber nicht alternativlos. Sie ist keine Sackgasse, aus der es kein Entrinnen gäbe. Sondern es beweist nur einmal mehr, dass das gesamte europäische Volk von der EU-Führung in Brüssel und den Staats- und Regierungschefs der einzelnen Länder missbraucht wurde. In marktschreierischer Manier wurde der totale Wirtschaftskrieg gegen Russland ausgerufen, an dessen Ende jener Erfolg steht, dass Russlands Energiewirt-

schaft einen Gewinn von 34 Milliarden Euro verbucht, während Europas Steuerzahler die Schäden dieser Sanktionspolitik nicht nur am eigenen Leib spürt, sondern zu tragen hat. Die einzelnen Mitglieder sind mittlerweile flach wie Holland, krachen wie eine Kaisersemmel. Es regiert die Schuldenpolitik, um die wahnsinnigen Schäden der Sanktionen auszugleichen. Daher: Raus aus der EU-Knechtschaft, raus aus den Sanktionen!

18. JANUAR 2023

Christine Lambrecht, die ungekrönte Kaiserin des Fettnapfes, ist Geschichte. Ein Hoch auf die Selbsterkenntnis eines kläglichen Scheiterns, einer Analogie der zur Schau gestellten politischen Peinlichkeit einer Frau für alle Fälle, nur nicht für die Lösung. Nun hat das jämmerliche Schauspiel auf Berlins Regierungsbank ein Ende gefunden. Nebst Flinten-Uschi, Deutschlands oberster Waffenschieberin, wird sie in die deutsche Wehrgeschichte eingehen als mit Abstand schleißigste Ministerin, die der Bendlerblock in Berlin jemals gesehen hat. Pleiten, Pech und Pannen begleiteten ihren Weg. Und es rächt sich, dass die Ampelregierung – wie alle anderen zuvor – nicht auf Qualifikation, sondern auf Quote setzte. Eine rote Frau eben, die ohne nennenswerte Vorbildung, ohne Fachexpertise seit 1985 auf Kosten des Steuerzahlers ihr Leben in unterschiedlichen Funktionen wie die Made im Speck konzept- und visionslos schwänzte. Ohne Kenntnis vom Unterschied zwischen Offizier und Unteroffizier, Artillerie und Infanterie, einem Panzer und einem Kampfjet, geschweige denn von komplexen Sachverhalten wurde sie, weil Not am Mann war, als Quotenfrau ins Verteidigungsministerium gesetzt. Keinen einzigen Tag ihres politischen Lebens hatte sie sich mit Verteidigungspolitik auseinandergesetzt. Aber es reichte eben, dass sie eine in der Wolle gefärbte Rote und Frau ist. Ihr mangelndes Wissen genügte zumindest, um die Flugbereitschaft für sich selbst und ihren Sohn in Gang zu setzen, um Urlaubsreisen auf Steuerzahlerkosten zu absolvieren. So, wie es der politischen Logik geschuldet ist, einen von Wirtschaft keine Fachkenntnis habenden Herrn Habeck zum Wirtschaftsminister zu ernennen, so, wie man eine

Frau mit offenkundigem Sprachfehler zum außenpolitischen Sprachrohr Deutschlands macht. Weil eben Fachkenntnis, Vorerfahrung, Hausverstand, Logik oder intellektuelle Redlichkeit nichts zählen, sondern ausschließlich die parteiinterne Machtarchitektonik befriedigt wird. Nun ist sie wenigstens weg – die anderen Schwachstellen wie Habeck, Baerbock und Lauterbach bleiben. Picken auf der Regierungsbank wie die Klimaterroristen auf der Straße. Lambrecht ist Geschichte, aber sie fällt nicht tief. Sondern nur in die Hand des Steuerzahlers, der weiter für sie löhnt. Das nennt sich „Leistungsprinzip".

19. JANUAR 2023

Ausgerechnet Gretl! Ausgerechnet die Schutzmantelmadonna aller GrünInnen fällt ihrer eigenen politischen Neigungsgruppe in den Rücken. Gretl, der neuzeitliche Brutus, die nun an der Seite des militärischen Armes der GrünInnen, also der halbwüchsigen Klimaterroristen, gegen die Mutterpartei auftritt. War doch ausgerechnet sie, die Schwedengretl, die letzten Jahre die nützliche Idiotin, die mit ihren Klimastreiks den stinkenden linken Komposthaufen der Politgeschichte auf die Regierungsbänke verfrachtete. Nun frisst die pubertierende Klimajakobinerin ihre eigenen politischen Kinder, prangert sie an, distanziert sich. Das ist eben Revolution, und auf diese folgt immer die Konterrevolution. „How-dare-you"-Gretl prangert die Heuchelei der GrünInnen an. Hat sie recht? Ja, natürlich. Denn diese faschistoide Bevormundungspartei predigt Wasser und säuft Wein, verkündet die reine Lehre und lebt sie nicht, die Ökomarxisten wettern gegen Flugreisen und steigen in jeden Privatjet, sie wollen Verbrenner verbieten und lassen sich mit ihren fetten Dieselllimousinen durchs Land kutschieren, mahnen Armut an und greifen selbst zu, rufen zum Verzicht auf und fressen sich leiblich zu Tode. Allein mit Blick auf die deutsche Bundessprecherin der GrünInnen, mehr breit als hoch, kann man ja weder von Verzicht, also von jesuitischer Askese, noch von zur Schau gestellter Armut und Solidarität mit den Armen sprechen. Arm im Geiste, ja, aber dafür ist der Tisch des fleischgewordenen Müllschluckers offensichtlich ständig reich gedeckt. Für den Machterhalt ist den GrünInnen alles recht. Da ziehen die einstigen Edelpazifisten auch in den Krieg, bestellen neue Waffen. Sie wollen den Verzicht auf fossile Energie und lassen in ihrem Wahn gegen Russland die Kohlekraftwerke auf Volltouren heizen. Opportunismus wird eben bestraft, und die kleine Gretl ist die personifizierte Rächerin jener Enterbten, denen die GrünInnen alles versprachen und nichts hielten.

21. JANUAR 2023

Wie würde man Menschen bezeichnen, die sich unter dem Gegröle „Zwischen Bullenhelm und Nasenbein passt auch noch ein Pflasterstein" gewalttätig und gewaltbereit gegen den Rechtsstaat auflehnen, keine Grenzen kennen und Steine auf Bürger werfen? Richtig, Terroristen!

Wie würde man Menschen nennen, die unter dem Schlachtruf „Cops töten!" Molotowcocktails auf Sicherheitskräfte werfen, aggressiv wüten, mit Stangen auf Ordnungshüter eindreschen? Richtig, Terroristen!

Wie würde man Menschen betiteln, die, in das demokratische System *de facto* integrationsunfähig, Pyrotechnik als Mittel der Gewalt einsetzen, um Organe des Staates gezielt zu verletzen? Richtig, Terroristen!

Wie würde man Menschen klassifizieren, die mit dem Mittel der Gewalt ihre politischen Interessen gegen Demokratie, gegen Recht und Ordnung obsessiv vertreten? Richtig, Terroristen!

Wie würde man mit solchen Personen verfahren, die 500 Straftaten in kurzer Zeit begehen und 70 verletzte Personen hinterlassen? Richtig, in U-Haft nehmen, anklagen und dauerhaft verwahren!

Nein, bei diesen Terroristen handelt es sich ausnahmsweise nicht um die Glückskinder des Einzelfalles, die wahlweise zu hohen Festen deutsche Großstädte in alle Einzelteile zerlegen. Es handelt sich damit auch nicht um jene Personengruppe, die man im gesellschaftlichen Grundkonsens sofort verhaften und abschieben will. Diese Bilanz der Gewalt stammt aus Lützerath. Und siehe da: Der einfache Bürger wird angehalten, sich an die Gesetze zu halten, sich dem Gewaltmonopol zu beugen. Nur für die Glückskinder und eben die Klimaterroristen gelten diese Gesetze nicht mehr.

Die Silvesterterroristen wurden 24 Stunden nach der Festnahme wieder entlassen. Die verfassungsfeindlichen Linksextremen, die sich hinter dem verstörenden Gesicht der Aspergerapokalypse und deren Schickimicki-Schwester aus Deutschland verbergen, werden in den Medien und vom Establishment gefeiert. Denn die Gesetze gelten nur für die perfekten deutschen Untertanen, für die kulturfremden Bereicherer ebenso wenig wie für die ideologisch verblendete gewaltbereite linke Szene mit dem lächelnden Antlitz zweier pubertierender Schabracken.

22. JANUAR 2023

„Es gibt nur einen Weg, wie man den Krieg in der Ukraine beendet. Und das ist ein Sieg über Russland." So propagieren die US-Vasallenstaaten in Europa, also die gutbezahlten NATO-Marionetten Joe Bidens in deutschen, französischen, polnischen und britischen Regierungsämtern samt deren als Propagandasatelliten fungierende Medien als Teil dieser *Fake-News*-Maschinerie, den ganz ungeniert geplanten Kriegseintritt Europas mit Steuergeld, mit Waffen, mit Panzern und in weiterer Folge mit Soldaten gegen Russland. Unentwegt trommelt es wie die Stalinorgel auf uns ein. Man entkommt den frommen Wünschen des sich als Weltsheriff gerierenden Lucky Joe aus Washington nicht. Und je schleißiger seine Umfrageergebnisse sind, je mehr illegale Geheimdokumente bei Hausdurchsuchungen in seiner privaten Garage gefunden werden, umso mehr setzen die USA auf einen außenpolitischen Kriegsschauplatz, der das Scheinwerferlicht weg von Skandalen des Gerontokraten Biden, hin zum Schützengraben in der Ukraine lenkt. Neue Waffen, neue Panzer, neue Kampfjets, das helfe der Ukraine, so die weit verbreitete Mär. In Wahrheit geht es bei den Lieferungen dieses Kriegsmaterials ja nicht um die Verteidigung ukrainischen Territoriums, sondern um die Möglichkeit eines Angriffskrieges gegen Russland, den die Ukrainer im Auftrag ihrer Geldgeber zu führen haben. Die Panzer dienen nicht der Defensive, sie sind Offensivwaffen. Das verschweigt man dem Volk. Die weitere Aufrüstung der Ukraine im Wege von Waffen- und sogar Soldatenlieferungen, die – Letzteres betreffend – übrigens versteckt über eine Söldnermafia geführt wird, heißt nichts anderes als das mittlerweile unverhohlen artikulierte Kriegsziel, nämlich die Vernichtung Russlands, zu legitimieren. „Wollt ihr den totalen Krieg?", würde da die ehrlichere, wenngleich historisch belastete Frage lauten, mit der europäische Regierungschefs ihre eigenen Bürger konfrontieren sollten, bevor sie weiterhin an der sicherheitspolitisch brandgefährlichen Aufrüstung der Ukraine und des Kiewer Korruptionsoligarchen Selenskyj werken. Haben die bisherigen Lieferungen von Hunderten Milliarden Euro Steuergeld sowohl aus den USA als auch aus Europa etwas gebracht, außer dass Selenskyjs Freunde noch reicher wurden und die Bentleys in Davos jetzt noch größer sind? Haben die milliardenschweren Waffenlieferungen für die Ukraine einen Zentimeter Bodengewinn gebracht, außer dass die US-Waffenindustrie Gewinne schrieb? Haben wir den Vormarsch der Russen verhindert? Haben wir einen Toten verhindert? Haben wir einen Kriegstag verkürzt? Haben wir die Infrastruktur beschützt? Nein, wir haben gar nichts erreicht. Aber vielleicht geht es ja auch nicht darum, einen Krieg zu verhindern.

25. JANUAR 2023

Wer glaubt, dass der grenzenlose Solidaritätsdurst der Ukraine und ihres korrupten Oligarchenpaten Selenskyj mit ein paar Panzern aus Deutschland gestillt wäre, die Sache damit abgetan, der irrt gewaltig. Mehr Waffen, noch mehr Waffen, noch mehr Krieg, noch mehr Blut, noch mehr Solidarität, noch mehr Untergang, das sind doch die gebetsmühlenartigen Vorträge aus Kiew, die aggressiven und zugleich überheblichen. Gestern wollten sie ja nur unseren Wohlstand, heute wollen sie Panzer, morgen die Kampfjets und U-Boote und übermorgen eure Söhne. Das ist am Ende die wahre, die einzige wesentliche Solidarität, die uns Selenskyj auf dem Weg in den Dritten Weltkrieg abverlangen will. Solange er das bekommt, also die Teilnahme Europas an seinem Krieg gegen Russland, wird der ausgefressene Quälgeist in Waldgrün keine Ruhe geben. Und er hat Verbündete, Spione in unseren Reihen, die das Geschäft der Ukraine machen statt Verantwortung für die eigenen Länder zu übernehmen. Moralisch sich selbst überhöhende Journalisten, die in ihrem Leben nie gedient haben, und Lobbyisten, deren Kassen klingeln, jubeln, denn der Rubel bzw. der Dollar rollt, der Krieg geht weiter, das Schlachten kennt kein Ende. Und solange es eben verantwortungslose Vaterlandsverräter, Spione, Kriegshetzer, geschmierte Selenskyj-Marionetten und blutrünstige Opportunisten in Regierungsämtern gibt, die uns in diese aussichtslose Gewaltspirale hetzen, werden auch die unbedarften Bürger Europas diesem Krieg ausgesetzt werden. Die Gier nach der totalen Eskalation ist groß und verständlich, der Krieg hat Lobbyisten, der Friede keine. Das ist eben die logische Folge jenes Weges, den Deutschland und die europäischen NATO-Staaten nun gegangen sind. Und es ist eben nur mehr ein verdammt kleiner Schritt, der den gesamten Kontinent in einen fürchterlichen Krieg verwickelte. Mit dem heutigen Tag ist klar: Europas NATO-hörige Regierungen haben ihre eigenen Völker verraten, die eigene Sicherheit aufs Spiel gesetzt, den Frieden in den eigenen Ländern riskiert. Die Frage ist jetzt nur, ob sie für diese Katastrophe irgendwann die Verantwortung übernehmen. Denn auch ein in Trümmern liegendes Europa wird die Täter nicht aus der Verantwortung entlassen.

28. JANUAR 2023

Deutschland hat Russland den Krieg erklärt. Also, eigentlich nur die legasthenische Geheimwaffe Annalena Baerbock. Und nachdem sie ja schon von Geburt an der deutschen Sprache, ihrem Lebenslauf, Gott und Deutschlands Bürgern den Krieg erklärt hat, war es nur ein kleiner Schritt, dass es das politische Exportgut aus Berlin auch mit Wladimir Putin aufnehmen würde.

Die Erfolgschancen für einen neuerlichen Russlandfeldzug sind eher gering. Denn schon vor 80 Jahren war der Amtsvorgänger von Baerbock, also Ribbentrop, von wenig Glück begleitet. Also: Wie kann man sich das technisch vorstellen, die Ostfront 2.0? In der ersten Frontlinie wird das tonnenschwere

Kampfpanzer-Modell Ricarda Lang in Stellung gebracht. Die bringt keiner mehr weg, die sitzt im Schlamm fest. Und der Vorteil: Diese Offensivwaffe verschreckt jeden Russen, garantiert. Die nehmen Reißaus und rennen bis nach Stalingrad oder werden schwul. Was ja im Interesse des Westens ist. In der zweiten Frontlinie kämpft Nancy Faeser mit der für die Deutschen typischen Armbinde. Natürlich wird Deutschlands neue Ostoffensive von einem BataillonIn zwanziggeschlechtlicher Wattebauschkatapulte begleitet. Diese werden durch die neuen wehrfähigen Glückskinder, also die Facharbeiter vom Hindukusch, gesichert. Da wären 50.000 ausgewiesene Sprengstoffexperten aus Kabul. Nicht zu vergessen das Messerwerfer- und Machetenregiment aus Somalia. Den Sanitätszug übernehmen übrigens die Hobbygynäkologen aus Syrien, die von ihren künftigen KriegsversehrtInnen eine Armlänge Abstand, wie eben in Köln gelernt, halten. Nicht zu vergessen ist der Pharmastab der Marihuana-Verchecker aus Nigeria, die die müden Truppen aus der grün-roten Parteizentrale mit Psychopharmaka am Laufen halten sollen. Die „Neue Deutsche Wochenschau“ von der Ostfront wird professionell von den Moderatoren des ZDF und der ARD begleitet, sie dürfen, wie immer, *Fake News* verbreiten und den Endsieg verkünden, wenn Generalfeldmarschall Karl Klabauterbach das erste russische Dorf in den Corona-Lockdown schickt. Derweil hockt Olaf Scholz im Bunker in Berlin und träumt, dass ihm die Gruppe Habeck zur Seite eilt. Problematisch ist nur, dass Reichsfinanzminister Lindner die Kriegskredite auf Sylt mit abgewrackten Society-Schachteln versoffen hat. Dies geschieht, kurz bevor der erste russische Soldat vor dem Regierungsviertel in Berlin steht und Deutschland die zweite Lektion binnen hundert Jahren erteilt. Aber, wie gesagt: Aller guten Dinge sind drei. Sie sitzen allerdings nicht unbedingt in der deutschen Regierung.

3. FEBRUAR 2023

Eine Sozialdemokratie, die aus den Skandalen der ÖVP keinerlei Nutzen zieht, selbst als Oppositionspartei gegen die gängige politische Regel am laufenden Band verliert, die vordringlichen Anliegen der Bevölkerung nicht mehr vertritt, sich nur in Orchideenthemen ergeht, Minderheitenmeinungen laut artikuliert und bei den Anliegen der Bürger leise wird, wird nicht gewählt. Eine Parteivorsitzende der Sozialdemokratie, die nur durch Zufall überhaupt SPÖ-Mitglied wurde, sich hinter einem Klüngel von blassen Parteiapparatschiks verschanzt, statt ihren eigenen wenigen Wählern der verhassten Regierung noch die Stange hält, wird nicht akzeptiert und respektiert. Der SPÖ mangelt es nicht nur an charismatischem Personal, es mangelt an den richtigen Standpunkten. In Wahrheit mangelt es an allem. Die Sozialdemokratie verkommt zu einem Wahlverein des Selbstzweckes, dem die ökonomische Sicherheit von ein paar Hundert Mandataren wichtiger ist als die Sorgen von Millionen von Bürgern. Das ist eben das rote Schicksal. Aber das Leiden dauert gottlob nicht mehr lange.

10. FEBRUAR 2023

Europa hat wieder einen Helden, und als solcher wurde er in Brüssel empfangen. Mit allen Ehren des Establishments, das voll angetreten und mit stehendem Applaus den zum Verteidiger europäischer Werte erkorenen Krieger des blau-gelben Lichtes empfing. Das Establishment leistete seinen Kotau, kniete förmlich vor dem Paradedemokraten aus Kiew. Vergessen die Zeiten, als die EU selbst noch vor 16 Monaten sein Regime als das Korrupteste des Kontinentes verurteilte. Ausgerechnet EU-Parlamentarier, die noch vor knapp zwei Jahre Selenskyj als das Oberhaupt eines von Korruption, Misswirtschaft, Autokratie, mangelnder Medienfreiheit, ausgehöhlten Oppositionsrechten, nicht vorhandenen Grundrechten zerfressenen *Shithole country* betitelten, haben nun Tränen in den Augen, Gänsehaut am Körper, wenn die in Waldgrün gewandete Berührungsreliquie europäischen Widerstandes gegen den Diktator von Moskau den Saal betritt. Und es ist auch logisch. Denn die Werte Europas sind eben die Korruption, der solidarische Selbstmord, die Misswirtschaft, die Lüge, der Betrug, der Relativismus, der Egoismus, die mangelnde Meinungsfreiheit, die Autokratie, die Dekadenz, der zum politischen Dogma erhobene Irrsinn. In diesem Sinne verteidigt Selenskyj tatsächlich europäische Werte. Nein, viel mehr: Er ist das fleischgewordene Sinnbild dieser

Werte. Ja! Er ist Europa, und sein Platz ist in Brüssel. Er verteidigt ein korruptes System wie die meisten in Brüssel. Er ist ein abhängiger Lakaie Washingtons wie die meisten in Brüssel. Er empfängt seine Befehle von Joe Biden wie die meisten in Brüssel. Er ist bestbezahlter Kabarettist und Politdarsteller wie die meisten in Brüssel. Durch ihn profitiert die Waffenindustrie wie durch die meisten in Brüssel. Er gefährdet den sozialen Frieden in Europa wie die meisten in Brüssel. Er will nur Geld wie die meisten in Brüssel. Er will den Dritten Weltkrieg wie die meisten Kriegshetzer in Brüssel. Ja, wahrlich, Selenskyj ist die EU. Selenskyj ist Europa. Er ist austauschbar mit Scholz, Von der Leiden, Macron und Co. Er ist einer von ihnen, und die Ganovenehre verpflichtet eben, zusammenzuhalten. Mamor, Stein und Eisen bricht, aber die Ehre der Kriminellen nicht.

16. FEBRUAR 2023

Die entscheidende Frage lautet doch immer: Wem nützt es? Wem nützt die Tatsache, dass Europa und insbesondere Deutschland keinerlei Gas aus Russland mehr bekommen, am Trockenen sitzen? Richtig, es nützt jenen, die anstelle des bisherigen Lieferanten sofort liefern und anstelle der Russen gute Geschäfte machen. Wem nützt also die verdeckte Sprengung einer Gaspipeline nach Europa und damit die technisch definitiv herbeigeführte Unterbrechung der Gaslieferungen auf Dauer? Richtig, dem, der sich für die Zukunft sicher sein kann, dass kurz- wie mittelfristig von Russland kein Gas mehr fließt, sondern vierfach teureres Frackinggas aus den USA eingekauft werden muss. Also ist der Täter nach dem jahrtausendealten, gängigen und meist richtigen Prinzip *Cui bono*, „Wem nützt es?“, recht rasch dingfest zu machen. Ausgerechnet ein anerkannter Investigativjournalist aus den USA, der große Skandale aufdeckte, mit internationalen Preisen überschüttet wurde, stellt nun weltöffentlich die naheliegende These auf, wonach die USA und ihre NATO-Verbündeten für die unterseeische Sprengung von „Nord Stream“ verantwortlich seien. Einige Tage reagierte das Establishment überhaupt nicht. Man wollte diese Vorwürfe aussitzen, nicht einmal reagieren. Dann dämmerte den Eliten langsam, dass die Meldung sich doch wie ein Lauffeuer um den Globus verbreitete, und so wurde rasch dementiert. Aber nur halbherzig. Und um dem ewigen Ablauf solcher Fälle gerecht zu werden, wurde der Überbringer der schlechten Nachricht, also der international bis vorige Woche noch gefeierte Journalist, als übler Verschwörungstheoretiker, nicht ernst zu nehmender, alter, seniler Schreiberling diffamiert, seine Erkenntnis damit neutralisiert. Die Horde der Lemminge ist zufrieden, die NATO-hörigen Knechte in Deutschland und Europa wieder glücklich. Denn es macht doch wirklich keinen schlanken Fuß, dass ausgerechnet der Verbündete der Marionetten in Berlin deutsches Volksvermögen am Boden der Nordsee zerstört. Es gibt doch wirklich kein gutes Bild einer deutschen Bundesregierung, die wenige Stunden nach den Sprengungen laut in Richtung Moskau rief: „Haltet den Dieb!" Bis auf die Bürger, die nun über vierfach höhere Gaspreise klagen, über die Vernichtung ihres bisherigen Wohlstandes trauern, im täglichen sozialen Überlebenskampf zu scheitern drohen, sind alle anderen glücklich. Die US-Gasindustrie, weil sie anstelle von Russland Geschäfte macht. Die deutsche Bundesregierung, weil sie diese Geschäfte durch ihr Stillschweigen möglich macht. Das jeweilige Regierungsmitglied, weil es sich nach seinem Ausstieg aus der Politik über einen guten Job im Nahbereich der USA freuen kann. Und der Rest des gleichgeschalteten Kollektivs, weil sie laut „Putin ist schuld!" rufen können. Wären da nicht die Logik der Menschen und die Erkenntnisse eines unangenehmen Journalisten.

22. FEBRUAR 2023

Sie verlor ja nicht nur ihren Titel, sondern jüngst gleich Haus und Hof, ihr ganzes Leben war ein auf Lügen gebautes Kartenhaus. Und nun wurde sie regelrecht abgewatscht, bekam die gerechte Ohrfeige, die einzig legitime Strafe des Bürgers. Der Berliner Wähler höchstselbst entzog dem roten Auslaufmodell mit mangelnder Moral und liederlichem Zugang zur Wahrheit die Zustimmung, schickte das sozialistische Flintenweib im bürgerlichen Hosenanzug in die Wüste, den verlogenen Parvenü aus Berlin zurück, wo sie herkam, nämlich in die Gosse. Gerade einmal 18,4 Prozent gaben Frau Doktor außer Dienst

Franziska Giffey noch das Vertrauen, nach dem Genossen Adam Riese stimmten 81,6 Prozent gegen sie und ihre SPD. Aber das soll doch die rote Franzi nicht erschüttern, denn wohin soll sie sich wenden, wenn Schmerz und Gram sie drücken, wenn Gage und Amt verloren gehen, wenn der einzige Lebenssinn den Bach hinuntergeht? Zu den anderen GenossInnen, die sich mit letzter Kraft an der ohnedies schon verlorenen Macht festkrallen, die übrig gebliebenen Grundsätze für ein wenig Gage, ein paar Dienstwagen, ein hübsches Büro und die prall gefüllten Buffets im Rathaus über Bord werfen. Wenig überraschend schmiedet sie den Pakt mit dem Teufel, samt ihren Erfüllungsgehilfen von den GrünInnen und der Linken, die als kryptokommunistische Steigbügelhalter das rote Auslaufmodell mit gerade einmal 18 Prozent ins Amt der Regierungschefin hieven wollen. Berlin ist auf dem besten Weg in eine Entwicklungsdemokratie, wo man dem Anspruch des Wählers nicht mehr gerecht wird, die Bürgerinnen und Bürger *de facto* entmündigt und gegen den Willen von 81 Prozent der Wähler sich mit üblen Tricks ins Amt putscht. Man kann ja nicht einmal von autoritärem Demokratieverständnis sprechen, denn das setzt Autorität voraus, die man aber mit mickrigen 18 Prozent nicht mehr abbilden kann. Unter Minderheitenschutz gehört die Arme. Denn Franziska Giffey wird nun wieder ihrem Ruf als Hochstaplerin gerecht, die Zeit ihres Lebens auf Basis eines gefälschten Doktortitels im geschützten Bereich der Politik dem lieben Gott die Zeit gestohlen hat. Einer der letzten wahren großen Versorgungsfälle deutscher Politik, die trotz Affären und Skandalen sich mit letzter Gewalt an die verlorene Macht klammert, ansonsten sie ja am finanziellen Abgrund stehen würde. Wer in der freien Wildbahn der Privatwirtschaft nimmt denn eine solche Person, die es mit der Wahrheit, mit der Demokratie, mit ihrem eigenen Lebenslauf nicht so ernst nimmt, deren gesamtes Leben ein Kartenhaus war, das der Berliner Wähler nun endlich zum Einsturz brachte? Willy Brandt sagte einst: „Die Demokratie ist keine Frage der Zweckmäßigkeit, sondern der Sittlichkeit.“ Eine Frau ohne Moral und Sitten versteht das natürlich nicht.

Es waren ja nur einige Hundert. Und von denen hauptsächlich Verschwörungstheoretiker, Schwurbler, einige Neonazis und Linksextreme. Ein Sammelsurium geistig verwirrter Anhänger des Friedens. „Normale Menschen“, also Personen, die den totalen Krieg wollen, waren nicht anwesend. Nicht der Rede wert, dieser kleine Aufstand der Mäuslein in Berlin. Alice Schwarzer ist doch längst geistig abgedriftet, wie auch Sahra Wagenknecht oder Merkels General Vad. Sie sind Putinversteher oder stehen auf der Gehaltsliste des Kremls, man kann es sich aussuchen. Auf jeden Fall liegen sie falsch. Vor dem Pult der Demobühne das versprengte Häufchen elender Ewiggestriger, die mit ihrem Ruf nach Frieden ja nur dem neuen Hitler des 21. Jahrhunderts huldigen, seine monströse Tat relativieren. Und die heutigen Russen sind eben die neuen Deutschen des 21. Jahrhunderts, sieht der öffentlich-rechtliche Rundfunk die Rolle eines Durchschnittsdeutschen recht düster. So oder so ähnlich kommentieren WDR, ARD, ZDF und ORF die Demonstration für Frieden in Berlin. Und manch Propagandist aus der Vergangenheit wäre stolz auf eine solche Berichterstattung, zumal man sie ja gar nicht extra bestellen oder dafür intervenieren muss. Die Politkommissare und Giftmischer zur Verfälschung der öffentlichen Meinung agieren mittlerweile vollkommen selbstständig, ohne Zuruf, ohne gesonderten Auftrag. Alles, was nicht der Norm entspricht (und die neue Norm gibt die Regierung vor), ist abnormal, asozial und zum medialen Abschuss freigegeben. Jeder Deutsche, der nicht blutsaufend, stramm salutierend, euphorisch jubelnd jede Lieferung eines deutschen Panzers in den Kampf gegen Russland akklamiert, ist ein Landesverräter. Jeder Bürger Berlins, der nicht unter allen Umständen die grammatikalisch verunglückte Kriegsrhetorik seiner Außenministerin mit hoch erhobenen Armen und schrillem Gegröle, also „Baerbock“-Rufen, quittiert, ist ein Spion Moskaus. Und jeder wehrfähige Deutsche, der nicht bei drei vor einem Bundeswehrbüro aufschlägt, um sich für den Kampf gegen die Sowjets zu melden, ist ein vaterlandsloser Gesell, ein Kommunist eben. Am besten, man sperrt sie alle weg. Denn wer nicht an den Endsieg der deutschen Ampelmänner gegen Russland glaubt, ist eben kein Deutscher mehr. Der einzig wahre Deutsche, wie ihn sich das Establishment vorstellt, führt Krieg gegen Russland. Immer wieder, ohne Unterlass.

28. FEBRUAR 2023

Zwei fürchterliche Weltkriege am Kontinent, an denen Österreich federführend beteiligt war, Millionen von Toten und unermessliches Leid über die Jahrzehnte zwischen 1914 und 1945 haben unser Land als vernünftiges Ergebnis dieser Geschichte veranlasst, die immerwährende Neutralität zu erklären. Und wie das Wort „immerwährend" schon sagt, haben die Gründer der Zweiten Republik diese sinnstiftende Grundbestimmung auf ewig angelegt. Führende Politiker der Nachkriegsgeschichte, wie Bruno Kreisky, haben diese Neutralität mit echtem Leben erfüllt. Denn es war nicht nur eine militärische, sondern eben auch eine politische und rhetorische Neutralität. Wer, wenn nicht er, verstand es auf Basis dieser ihm aufgetragenen Neutralität, Österreich als Mittler zwischen West und Ost zu positionieren. Und nicht zuletzt die Bundespräsidenten Kurt Waldheim und Thomas Klestil haben ihre Kontakte, die sie sich auf Basis dieser Neutralität erarbeiteten, politisch, sozial, gesellschaftlich und wirtschaftlich im Interesse dieses kleinen Landes Österreich genutzt. Auch Jörg Haider war ein unverbrüchlicher Vertreter dieser Neutralität, die nicht zuletzt in seinen Besuchen im Nahen Osten zum Ausdruck kam. Wir waren, sind und dürfen eben weder die Knechte des Ostens noch die nützlichen Idioten des Westens werden. Heute sitzt ein junger Österreicher im Iran unschuldig für mehr als sieben Jahre in Haft. Österreich ist nicht in der Lage, diesen Staatsbürger freizubekommen. Die Drähte nach Teheran wurden von einem Außenminister, der rein intellektuell zum Besten gibt, dass sein Stammbaum eben ein Kreis ist, nachhaltig zerstört. Die Teilnahme am Wirtschaftskrieg, die Inflation zeigen in nackten Zahlen und Daten, wie verbrecherisch und landesverräterisch der Kurs von Van der Bellen und Nehammer war, sich im Auftrag der USA einer Kriegspartei regelrecht anzubiedern. Und wie das Amen im Gebet folgen nun von den üblichen Verdächtigen die Rufe, Österreichs Neutralität abzuschaffen und den

Weg in die NATO zu ebnen. Dies ist keine politische Diskussion, sondern ein glatter Bruch dieses immerwährenden Passus unserer Verfassung. Es ist ein Verrat an den Grundfesten dieser Republik, der keine Mehrheit innerhalb des Staatsvolkes findet!

4. MÄRZ 2023

Er pilgerte nicht nach Canossa, sondern auf den nackten Knien rutschte er nach Washington. Der Mann ohne Gesicht, ohne Eigenschaften, ohne Willen, ohne eigene Meinung, aber dafür mit dem mausgrauen Hosenanzug der DDR-Rezeptionistin Angela. Und er rutschte durch den Schlitz der geschlossenen Tür ins Oval Office, wie es sich für einen erbarmungswürdigen deutschen Kriegskanzler eben gehört. Das kann er, der Sitzriese Olaf. Dort holte er sich die Direktiven vom mumifizierten Orakel, dem Zitteraal der Vereinigten Staaten, Sleepy Joe. Denn Deutschland ist endgültig zum geduldigen Filialbetrieb der USA in Europa verkommen, Berlin ist der Brückenkopf der amerikanischen Sicherheitsinteressen in Europa geworden, Deutschland gleichsam ein US-Schläfer im Pelz des Kontinentes. Der Krieg gegen Russland, in erster Linie gegen Putin, hat sie zusammengeschweißt, die NATO-hörigen Transatlantiker, die Geschäftemacher, die Rüstungslobbyisten im Bundestag, die Lügner und Betrüger, die Diebe und Ganoven, die „Bild“, die Kriegshetzer in den Parteien. Es eint sie der Verrat am eigenen Volk, am Frieden, am sozialen Zusammenhalt. Es eint sie die Verelendung des Wirtschaftsstandortes, die fortgesetzte Vernichtung von Arbeitsplätzen, die Zerstörung des Wohlfahrtsstaates und das Opfer, das Deutschland mit all seinem Hab und Gut auf der Schlachtbank zwischen den USA und China zu erbringen habe. Und es eint sie der Gewinn der Waffenindustrie. Blicken wir doch in das Herz der deutschen Demokratie. Eine liberale Rüstungslobbyistin mit dem herben Charme eines blutleeren Zombies, die keine Gelegenheit und kein TV-Studio auslässt, um für Waffengeschäfte zu werben. Eine Außenministerin, die für die Möglichkeit eines geschenkten Sprachkurses zu allem imstande ist. Ein Wirtschaftsminister, der vom Wirtschaftsrecht keine Ahnung hat. Ein Finanzminister, der sich nur um die Austernbänke auf Sylt kümmert. Das Volk leidet unter der Inflation und einer solchen Regierung. In dieser selbst herrscht Goldgräberstimmung. Denn je größer der Verrat am Volk, umso besser sind die Jobs nach der Politik dotiert. Und sei es auch nur als Uncle Sams wohlbezahlte Marionette mit vergoldetem Hintern und verkauftem Rückgrat.

7. MÄRZ 2023

Der Gaspreis fällt auf den Tiefststand. Nur in Deutschlands Haushalten, da ist er ungebrochen hoch. Da wird weiter kassiert, da wird der letzte Cent aus den Taschen gekitzelt. Die Gaspreise bleiben oben wie das Heizöl, angetrieben durch eine grüne RegierungsmannInnenschaft, die im Windschatten des Krieges in der Ukraine und der internationalen Verwerfungen auf den Energiemärkten ihre große Chance sieht, den einzelnen Haushalten das Heizen mit fossilen Energieträgern abzugewöhnen. Der Krieg trifft sich gut als billiger Vorwand, die Sanktionen ebenso, und erst das Leck bei „Nord Stream" – all das dient dazu, den großen Umbau der Gesellschaft in eine neue, grüne, glückliche Zukunft mit willfährigen Schlafschafen voranzutreiben. Denn die Ökofaschisten, die Bevormundungs- und Verbotspolitiker haben endlich den Hebel entdeckt, wie man jeden einzelnen Haushalt in die neue grüne Energieplanwirtschaft zwingt. Die Menschen werden auf Knien rutschen und betteln und den Habecks und Baerbocks die Solarpaneele aus den Händen reißen, sich die Fotovoltaikanlagen wünschen, jeden Zentimeter Boden mit einem Windrad verzieren. Man treibt den Preis für die herkömmlichen Energieformen künstlich in die Höhe, zerstört den Wohlstand, schiebt alles auf den Krieg, macht Gas und Öl unleistbar – und siehe da: Die Menschen nehmen freiwillig die teure, grüne Energie. In der Hoffnung, wirtschaftlich zu überleben, nicht zu erfrieren. Und wenn schon in der Ukraine ein paar Menschen sterben, sind sie wenigstens nicht umsonst gestorben, wenn mit der schwedischen Aspergerapokalpysenideologie von einer glühenden Zukunft erneuerbare Energie über die Hintertür mittels kollektiven Betruges eingeführt wird. Dazu passt auch wie die

Faust aufs Auge das Verbot von Öl- und Gasheizungen. Die wenigen renitenten und kritischen Bürger, die diesen Betrug durchschauen, werden zwangsweise in ein neues Zeitalter gedrängt, wo die Wärme aus der Steckdose kommt und über deren Gewinnung der Mantel des Schweigens gehüllt wird. Gas- und Ölheizungen werden verboten. Von Amts wegen. Denn der Staat meint es ja nur gut. Vor allem die GrünInnen, die mit der Freiheit des Einzelnen auf Kriegsfuß stehen.

11. MÄRZ 2023

Es hat weder mit Rassismus noch mit Ausländerfeindlichkeit zu tun, wenn man mit Blick auf die Gefängnisstatistiken trocken feststellt, dass ein überproportionaler Anteil der Häftlinge in Österreichs Justizvollzugsanstalten Migrationshintergrund hat. Auf Basis dieser unverfälschbaren Zahlen kann man feststellen, dass die seit 2015 von der Regierung geduldete und damit indirekt betriebene Anarchie an den Grenzen eben einen kausalen Zusammenhang mit dem Anstieg der Kriminalität hat. Und dass Österreichs Bürger nicht nur rein subjektiv ein immer größer werdendes Unsicherheitsgefühl verspüren, sondern rein objektiv diese ausufernde Kriminalität in Zahlen und Fakten feststellbar ist. Es rächt sich, dass wir mit Johanna Mikl-Leitner, Günther Platter, Liese Prokop, Ernst Strasser, Karl Nehammer, Maria Fekter, Wolfgang Sobotka und Gerhard Karner seit 23 Jahren Innenminister einer Partei an der Spitze des Sicherheitsapparates haben, die ihr Amt für parteipolitischen Postenschacher missbrauchen und sich weniger für die Bekämpfung der Kriminalität und ihrer Ursachen einsetzen.

12. MÄRZ 2023

Man kann sich schon ein wenig irren. Der Lebenslauf braucht ja nicht so exakt sein, wenn man sich im privilegierten und geschützten Bereich der politischen Legebatterie Deutschlands befindet. Das ist in Deutschland doch guter Ton innerhalb der Regierung der Hochstapler und Betrüger, der Titelschwindler. Während der Lebenslauf jedes Arbeitnehmers auf Herz und Nieren überprüft wird, ausschließlich die nachgewiesene Qualifikation zählt, bauen die Hütchenspieler in der Politik ihr

Leben auf Lügen auf. Franziska Giffey, die Doktorin ohne Doktorarbeit. Karl-Theodor zu Guttenberg, Annette Schavan. Und nun ist nach Annalena Baerbock, der Kriegerin der Finsternis gegen die Sprache und ihren eigenen Lebenslauf, der Nächste dran: Karl Klabauterbach soll es nicht so genau genommen haben mit seinem Lebenslauf, mit seinem bisherigen Leben, mit seiner fachlichen Qualifikation. Geflunkert soll er haben, der politische Hochstapler. Ein kleiner Hauptmann von Köpenick soll er gewesen sein, der Horrorclown. Aber wo ist die Überraschung? War es doch Lauterbach selbst, der die letzten Jahre eindrucksvoll für alle sicht- und hörbar unter Beweis gestellt hat, dass er von der Materie keinen blassen Schimmer hat, dass er keine Qualifikation, keine Expertise vorzuweisen hat. Ist doch er selbst mit all seinen Prognosen regelmäßig danebengelegen, der rote Kurpfuscher der deutschen Gesundheitspolitik, der halbseidene Winkelschreiber der TV-Studios. Herumgereicht wurde er, der Herr Professor, Dozent, Doktor Karl Lauterbach. Und nun ist der TV-Doktor entlarvt, hat sich seine Karriere im Gesundheitsministerium mit falschen Studienangaben erschlichen. Corona hatte er nicht im Griff, seine Maßnahmen haben sich allesamt als Fehler herausgestellt. Deutschland droht der Medikamentenengpass, weil der Ressortchef nicht willens und in der Lage ist, seiner Hauptverantwortung als oberster Gesundheitspolitiker nachzukommen. Die Spitäler kollabieren, der Pflegesektor liegt im Argen. Und da wundert sich wirklich ein Mensch, dass ausgerechnet Lauterbachs fachliche Qualifikation auf heißer Luft gebaut ist? Wenn es quakt wie eine Ente, watschelt wie eine Ente, aussieht wie eine Ente, ja, dann ist es eine Ente. Wenn er falsch liegt wie ein Hochstapler, aussieht wie ein Hochstapler, spricht wie ein Hochstapler, dann ist er ein Hochstapler. Aber er passt gut in die Ahnenreihe deutschen Regierungsversagens, als Sitznachbar der Annalena Baerbock, des Herrn Habeck, des Herrn Scholz und des Herrn Lindner. Dieses Kabinetts der Blender!

13. MÄRZ 2023

Quod erat demonstrandum, was zu beweisen war. Die Waffenimporte Europas stiegen in den Jahren bis 2022 um 47 Prozent, in den NATO-Staaten um 65 Prozent und mehr. Nutznießer dieser Entwicklung sind die USA, die ihre Position als größter Waffenexporteur der Welt weiter ausbauten. Die Kassen klingeln in Washington, die Waffenlobbyisten um Sleepy Joe Biden jubeln und versprechen fette Wahlkampfspenden. Auch Saudi-Arabiens Ölkonzern Aramco meldet für 2022 einen Rekordgewinn. Ganze 161,1 Milliarden Dollar schrieben die Saudis, die Verbündeten der USA, in ihre Gewinnbücher. Mit diesen Ölgewinnen kaufen die Saudis ihrerseits wiederum Waffen bei der US-Waffenindustrie ein. Ein ewiger Kreislauf der Gewinner. Die USA zündeln in Europa, die EU zeigt sich als Marionette der USA und sanktioniert Russland. Die Unsicherheit wird immer größer, Europas Marionettenregierungen bestellen Waffen in den USA. Es geht ja nur darum, das Volk Europas vor Wladimir zu schützen. Daher braucht es für Hunderte Milliarden Euro neue Waffen. Die alten Waffen schicken wir der Ukraine, damit der Krieg und damit das Geschäft lange genug dauert. Aufgrund der Sanktionen verzichten wir auf günstiges Gas und Öl aus Russland und kaufen teures Gas und Öl in den USA und bei den Saudis ein. Der schwächelnde US-Präsident, längst nicht mehr Herr seiner Sinne, erfüllt wenigstens den Wunsch der saudischen Ölmultis und seiner Waffenlobby. Die verspricht ihm, dass sie den Demokraten im Kampf diesmal nicht gegen Putin, sondern gegen Trump fette Wahlkampfspenden in Millionenhöhe überweisen werde. Der Krieg in der Ukraine finanziert also nicht nur die milliardenschwere Waffenindustrie, die saudischen Ölmultis und damit die islamistischen Terroristen, sondern auch noch den US-Wahlkampf. Jeder Tote in der Ukraine ist ein Opfer dafür, dass Joe Bidens Nachfolgerin Kamala Harris Wahlkampfauftritte gegen Trump unter Zuhilfenahme fetter Wahlkampfspenden unternehmen kann. Jeder Euro, den Europas Bürger in explodierende Lebensmittelpreise, Energiepreise, Mietpreise investieren, ist ein Euro für die amerikanischen Demokraten. Nur: Wissen das die Bürger, dass sie die nützlichen Idioten der USA, dass ihre Regierungen die verlängerten Werkbänke des Weißen Hauses sind?

18. MÄRZ 2023

Eine politische Bewegung, die in ihrer nebulösen Botschaft versagt, nur mehr zum Wahlverein des Selbstzweckes einiger Funktionäre verkommt, und die dann noch in einer nie dagewesenen Art und Weise die Basiswerte wie Freundschaft und Solidarität pervertiert, hat in Wahrheit abgedankt. Der Wettstreit der verwelkten Nelken Rendi-Wagner und Doskozil um den roten Thron ist nur der vorläufige Höhepunkt der vielfältigen Probleme der Sozialdemokratie. Sie ist eine selbstgefällige, abgehobene Gruppierung geworden, die von den tatsächlichen Problemen der Menschheit keinerlei Ahnung mehr hat, die auch die Sprache des Volkes nicht mehr spricht. Eine alte Vertriebsweisheit besagt: Der Köder muss dem Fisch schmecken, nicht dem Angler. In der SPÖ wird jeden Tag aufs Neue bewiesen, dass deren inhaltliches Angebot zwar den pseudointellektuellen Parteieliten gefällt, aber das breite Volk nicht mehr erreicht. Was nützt einem das Wohlgefallen der Herren Ludwig und Kaiser, wenn man keine Wähler mehr hat? Das ist die wahre Gretchenfrage, der sich die SPÖ stellen muss.

19. MÄRZ 2023

Die Isolation wirkt. Der Knecht im Kreml ist allein. Niemand mag ihn, die ganze Welt hat sich gegen ihn verschworen. Seine Wirtschaft kracht, er geht pleite. Weil die Welt ihn sanktioniert, weil sie seine Wirtschaft vom Rest des Globus abschneidet.

Die ganze Welt? Nein, nicht ganz. China besucht ihn. Auch Indien mag ihn, und erst recht Pakistan und die Türkei. Und siehe da, die zwei größten Länder der Welt, Russland und China, vereinen sich. Regelrecht in die Arme Pekings haben wir ihn getrieben. Und sind entsetzt, dass zwischen China und Russland eine Partnerschaft entsteht, die die USA und die EU in den Schatten stellt. Ja, wollten wir das vielleicht? Wollten wir China und Russland auf ewig und immer zusammenschweißen, eine rote Schicksalsgemeinschaft entstehen lassen?

Immer mehr wird sichtbar, dass die US-Strategie nicht aufgeht. Der Plan war, Europa wirtschaftlich zu zerstören. Die Banken an die Wand zu fahren, den Klein- und Mittelstand zu ruinieren. Der Plan war, Europa zuerst in eine Inflation und dann in eine Rezession zu stürzen. Als strahlender Sieger wären die USA und Joe Biden hervorgegangen. Joe Biden, die Mumie aus Washington als Bezwinger der wirtschaftlichen Stärke des alten Kontinentes. Aber es kommt eben immer anders, als man denkt. Ja, die europäische Wirtschaft ist zerstört. Der Standort auf Jahre ruiniert. Das Volk wurde ausgeblutet, die Inflation erledigt den Rest. Die EU ist keine Gefahr mehr, nur mehr ein Bittsteller um Almosen. An der Vernichtung Europas haben Europas Eliten ihren Anteil. Weil sie nicht unsere wirtschafts- und sicherheitspolitischen Interessen, sondern jene Washingtons vertreten haben. Für ein paar Besuche im Weißen Haus, ein wenig Händeschütteln und einige Souvenirs. Für ein müdes Lächeln des geriatrischen Patienten ließen Macron, Von der Leiden, Scholz, Nehammer und Co. uns sozial-, wirtschafts- und gesellschaftspolitisch über die Klinge springen. Was ist schon der soziale Friede, wenn man ein wenig mit den US-Vertretern champagnisieren kann?

Und nun ist das Ergebnis doch ein anderes geworden. Statt Europa – das ist amtlich untergegangen – stehen den USA nun Russland und China als Verbund gegenüber. Eine militärische, eine wirtschaftliche Macht, die es noch nie gab. Aber wir haben doch Putin regelrecht gezwungen, den Weg in den goldenen Osten anzutreten. Wir haben ihm doch regelrecht die Türen zu Peking geöffnet, ihm keinen anderen Ausweg mehr gelassen. Wir Europäer dürfen nun die Brosamen aufklauben, vielleicht ein wenig um Chinas und Russlands *Goodwill* betteln.

332 Milliarden Dollar machte der Handelsüberschuss Russlands im ersten Jahr der Sanktionen aus. Nicht schlecht, Herr Specht. Derweil gehen in Frankreich die Menschen auf die Straßen. Denn der Staat ist pleite. Bald gehen die Deutschen auf die Straße, denn auch *Good old Germany* kracht wie eine Kaisersemmel. Aber Hauptsache, wir haben unsere Werte im Donbass verteidigt. Wenn der Wert auch nur der wirtschaftliche Selbstmord, der Konkurs ist. Auf den Gräbern steht: Sie hatten immer recht und hießen Specht. Ein kleiner Trost, aber es steht eben auf einem Grabstein.

„Niemals mit der FPÖ", das war das ewige Dogma der niederösterreichischen Volkspartei seit den glorreichen Tagen des Erwin Pröll. Aber wenn der Hintern auf Grundeis geht, die Wähler sich scharenweise Richtung FPÖ verabschieden, die Bundes-ÖVP nur mehr einen Haufen Gescheiterter darstellt, schluckt man zum Machterhalt auch die blaue Kröte in Person von Udo Landbauer. Es waren einflussreiche ÖVP-Kreise, die vor fünf Jahren die Liederbuchaffäre rund um den niederösterreichischen FPÖ-Chef inszenierten, gemeinsam mit dem ORF und Van der Bellen ihn aus der Landespolitik wegsprengen wollten. Und ausgerechnet mit diesem Landbauer, dem Statthalter Kickls in St. Pölten, musste Johanna Mikl-Leitner am Verhandlungstisch sitzen, ihm Zugeständnisse ohne Ende machen. Die ÖVP hat sich inhaltlich entleibt, Mikl-Leitner ist die Kaiserin ohne Kleider. Denn für den Landeshauptmannssessel wurden alle Grundsätze, und zwar wirklich alle seit Jahrzehnten gut gehüteten Grundsätze der ÖVP, über Bord geworfen. Die Angst vor dem Abstellgleis war eben zu groß. Und so konnte Landbauer die seit drei Jahren von der ÖVP verfolgte Corona-Politik mit der stummen Zeugin Coronas Mikl-Leitner der Lüge strafen, führte die gesamte virologische Autokratie von Kurz, Nehammer, Mückstein, Anschober, Rauch, Kogler und Co. vor. „Obszön" sei diese Zusammenarbeit, beschweren sich manche ÖVP-Wähler und Funktionäre. Die gutbürgerlichen Regimenter rümpfen die Nase. Denn auch sie wurden verraten und verkauft. Hat man ihnen doch garantiert, dass eine Stimme für die Niederösterreichische ÖVP niemals die FPÖ an die Schalthebel der Macht bringen werde. Und es war doch ausgerechnet Mikl-Leitner, die Kickl als Innenminister durch Kurz entlassen ließ und nun mit Kickls Intimus Landbauer gemeinsame Sache machen muss. Alle Dogmen wurden über Bord geworfen, die Inhalte zählen nichts mehr, die Versprechen sind gebrochen. Ob das die ÖVP-Wähler in Salzburg in einem Monat besonders ermutigen wird, Haslauer die Stimme zu geben, mag bezweifelt werden. Marlene Svazek kann sich zurücklehnen, Kickl ebenso. Denn in dieser ÖVP haben sie ihren besten Wahlkampfhelfer gewonnen.

Millionen von Menschen sind in Frankreich auf der Straße. Sie stehen auf gegen eine Politik, die zwar Milliarden Euro für Waffen in der Ukraine übrig hat, aller Herren Länder Probleme regelt, aber die eigenen Bürger gänzlich im Stich lässt, sie in die Pestgrube der Armut stößt, sie aussackelt, ausraubt und in das Existenzminimum treibt. Sie stehen mutig auf und gehen gegen eine Regierung vor, die das soziale Gefüge, den gesellschaftlichen Frieden zerstört, die Frankreich einen sozialen wie wirtschaftlichen Selbstmord beschert hat. Millionen von Menschen gehen trotz ausufernder Gewalt seitens der Exekutive auf die Straße und verteidigen ihr Land gegen eine Regierung, die wirtschafts- und sicherheitspolitische Interessen nicht des eigenen Landes und seiner Bürger vertritt, sondern als Marionette anderer Mächte gegen das eigene Volk agiert. Millionen von Menschen gehen in Frankreich auf die Straße – und in Europas Medien liest man darüber nichts, sieht nichts, hört nichts. Millionen von Menschen sind auf der Straße, eine Bewegung gegen Regierung und Präsident entsteht, und den Giftmischern des politisch korrekten und gleichsam regierungshörigen und gesteuerten Mainstreams ist dies keine Schlagzeile wert. Denn es könnten ja noch viel mehr Menschen in Europa, in Deutschland oder Österreich auf die Idee kommen, gegen die Landes- und Hochverräter auf den Regierungsbänken auf Basis des verfassungsrechtlich garantierten Demonstrationsrechtes vorzugehen. Klar doch, denn die Ansteckungsgefahr des zivilen Widerstandes auf andere Länder dieses Europa ist angesichts eines verlorenen Wirtschaftskrieges, einer Horrorinflation, einer drohenden Rezession, einer Banken- und Wirtschaftskrise nur allzu hoch. In Polen werden Regierungsmitglieder mit Eiern beworfen, weil sie das Land aus Solidarität mit der Ukraine dem wirtschaftlichen Niedergang geweiht haben. Bei uns liest man darüber nichts, hört nichts, sieht nichts. In Frankreich tobt auf der Straße der Kampf gegen eine Präsidialdemokratur, die Demokratie und Parlament missachtet. Und wo steht die vierte Macht? Wie immer mit beiden Beinen in der Lüge und auf der falschen Seite der Geschichte!

Das Verbot von Kinderehen verstoße gegen den Gleichheitsgrundsatz, befinden Deutschlands oberste Richter. Kinderehen entsprechen dem Gleichheitsgrundsatz Deutschlands? Gibt es ein Grundrecht auf die Zwangsheirat, die Schändung von Kindern im Deutschland des 21. Jahrhunderts? Gibt es ein Grundrecht darauf, Kindern ihre Kindheit zu stehlen, sie zu sexualisieren und sie für die religiöse Wahnvorstellung der Scharia mit vollbärtigen Männern zu missbrauchen? Wie weit ist ein europäischer Staat verkommen, dass an einem Verfassungsgericht Europas ein solches Urteil überhaupt möglich ist? Ist es der Kniefall vor dem Zeitgeist? Ist es die Kapitulation vor der Realität? Oder leistet man damit nur jener Entwicklung weiteren Vorschub, die moralische Werte und blutig erkämpfte Grundrechte einer auf Humanität gebauten säkularen Zivilisation schleichend, aber sicher zerstören will? Was folgt? Ein Grundrecht auf Steinigung ehebrecherischer Frauen? Ein Grundrecht auf die körperliche Zwangsverstümmelung junger Frauen? Ein Grundrecht auf das Führerscheinverbot für Frauen? Ein Grundrecht auf das absolute Männerwahlrecht? Ein Grundrecht auf die Todesstrafe, vornehmlich freitags exekutiert? Haben wir es bei den ehrenwerten Damen und Herren im Talar des deutschen Verfassungsgerichtshofes noch mit Teilen einer europäischen Rechtsprechung zu tun, oder bewerben sich diese bereits vorsorglich für den mittelalterlichen Wächterrat in Teheran, auf Knien rutschend? Regiert bei uns das säkulare Recht oder der Ausbund eines religiös motivierten Wahns aus einer Zeit, wo man ausschließlich mit Tod und Terror seine Probleme löste? Gibt es im Jahr 2023 in Deutschland tatsächlich ein neues Grundrecht, minderjährige Kinder in eine Ehe zu zwingen? Geben wir wirklich all unsere Menschenrechte, unsere Grundrechte, unsere Zivilisation auf? Das Urteil der Verfassungsrichter ist eine Schande für Deutschland, für Europa, und ein einzigartiger Verstoß gegen die Werte der Aufklärung! Es ist ein noch nie da gewesener Bruch mit den Fundamenten unserer Gesellschaft. Pfui!

8. APRIL 2023

Ihr Schicksal ist besiegelt und im Untergang ketten sie sich aneinander. Sowohl ÖVP als auch GrünInnen sind dem Anspruch ihrer Wähler nicht gerecht geworden, haben Vertrauen zerstört und hinterlassen eine Bilanz des Scheiterns. Sei es das Corona-Chaos, das drei grüne Gesundheitsminister und drei türkise Kanzler binnen drei Jahren hinterlassen haben, das Unvermögen, im Neutralitätsbruch der Sanktionspolitik den wahren Grund für die Horrorinflation und die damit verbundene zerstörerische Teuerung zu sehen, oder die laufenden Korruptionsskandale. Und je größer die Bilanz des Scheiterns ist und damit verbunden die Umfragen in den Keller rasseln, umso mehr sind sie aufeinander angewiesen. Denn beide Regierungsparteien verfügen seit Jahren über keinerlei Umfragemehrheit mehr, verlieren eine Landtagswahl nach der anderen und dümpeln daher in das letzte Jahr ihrer Legislaturperiode. Die Alternative wären Neuwahlen, aber die fürchten sowohl ÖVP als auch GrünInnen zu Recht wie der Teufel das Weihwasser. Denn das wäre ihr Ende!

15. APRIL 2023

5300 Betriebe gehen 2023 in die Pleite. Die Anzahl der Privatinsolvenzen ist so hoch wie nie. Und selbst gesunde Betriebe stöhnen seit Jahrzehnten unter der Hochsteuerpolitik der jeweiligen Finanzminister von SPÖ oder ÖVP. Die drei Corona-Jahre haben uns gezeigt, dass namhafte Betriebe vor den Steuern längst in andere Länder ausgewandert sind, ihre Betriebsstandorte jenseits von Österreich und Europa begründet haben. Und tatsächlich, eine Steuer- und Abgabenquote von mehr als 50 Prozent versklavt den leistungsbereiten Bürger. Das halbe Jahr arbeitet er für den Staat und dessen Versagen. Die Antwort der vereinigten Linken auf den desaströsen Zustand des Wirtschaftsstandortes und der Haushalte ist daher, wenig überraschend, die Forderung nach noch mehr Steuern. Vermögenssteuern müssen her, rufen jene, die doch wissen müssten, dass wir in Österreich längst Vermögenssteuern haben. Denn das Vermögen unserer Bürger ist bereits zigmal besteuert worden, durch Umsatzsteuern, Grunderwerbssteuern, Kapitalertragssteuern etc. Der Mundraub muss ein Ende finden!

17. APRIL 2023

„Der Klimawandel hat wieder zugeschlagen. Das Frühjahr ist heiß wie nie, trocken wie nie. Unsere gesamte Existenz ist in Gefahr, und all jene, die uns, den Propagandisten des Ökofaschismus und Klimaterrorismus, nicht hörig sind, sind Mörder an der Menschheit." Seit Wochen tönt es stündlich so aus den Rohren der gelenkten Propaganda, vor allem im zwangsfinanzierten Öffentlich-Rechtlichen. Nun sitze ich seit gut zwei Wochen im Regen, bei neun Grad, die Wiesen sind nass, geregnet hat es genug. Und es wird die nächsten Tage weiter regnen. Die Landwirte sind zufrieden, es wächst, blüht und gedeiht. Ist das der Klimawandel, der hysterisch beschworen wird? Nein, das ist das Wetter, quittieren die infantilen Aktivisten der Endzeitsekte. Wir lernen aus dem Sektenwissen der letzten Zeugen nach Greta Thunberg: Wenn's heiß ist, ist es der Klimawandel. Wenn's kalt und regnerisch ist, ist es das Wetter. Die Eisberge werden schmelzen, der Meeresspiegel wird dramatisch ansteigen. Die Küstenorte werden im Meer versinken, lesen und hören wir allerorts. Und warten seit den 1970er-Jahren darauf, dass Venedig versinkt. Nun: Das ist Eis, es ist im Glas. Wenn es schmilzt, wird der Wasserstand im Glas höher? Nein, der Pegelstand bleibt gleich. Die Eisberge im Meer bestehen aus Salzwasser. Es verhält sich ein wenig anders. Aber bestenfalls im geringen Promillebereich. Der Neusiedler See wird austrocknen. Der Klimawandel ist schuld. Doch wann trocknete der Neusiedler See das letzte Mal aus? Richtig, 1865 bis 1870 war er gänzlich ausgetrocknet. Also vor der Industrialisierung. Also, wo bleibt der Klimawandel? Denn es ist ziemlich kalt und regnet. Wie gern hätte ich doch Wetter wie in Italien! Übrigens: Die Italiener sind auch nicht ausgestorben, das konstant seit den Römern, also seit Jahrtausenden. Trotz heißem Wetter.

22. APRIL 2023

Wer andauernd den Rechtsstaat *ad absurdum* führt, die Gesellschaft mit Vorsatz schädigt, illegale Handlungen gegen die solidarische Gemeinschaft setzt, ist zu bestrafen. Und zwar nicht wegen der durch die Justiz herzustellenden Gerechtigkeit, sondern aus Gründen der Prävention. Die Klimaterroristen stellen sich mit ihren Maßnahmen gegen die Gesellschaft, schikanieren nun täglich unschuldige Bürger, verstoßen gegen eine Reihe von Vorschriften und Gesetzen. Und zwar wiederholt! Natürlich tun sie das für das hehre Ziel des Klimaschutzes, eines Problems, das sie selbst hysterisieren. Auch wenn das Ziel, also der Klimaschutz, die breite Zustimmung der Bürger finden würde, heiligt der Zweck eben noch immer nicht die Mittel. Denn wenn es so wäre, befänden wir uns in Zeiten von Selbstjustiz, in der jeder frei nach seiner Wahl den Staat erpresst, die Gesetze bricht und am Ende sich als Held gibt, weil er es ja nur gut gemeint hat. Die Klimaterroristen gehören mit saftigen Summen hart bestraft und im Wiederholungsfall oder der Uneinbringlichkeit der Strafen mit Haft belegt. Das ist der einzige Weg, den Rechtsstaat zu schützen!

6. MAI 2023

Alles schaut gebannt nach London, Milliarden von Menschen sitzen vor den TV-Geräten und verfolgen die Krönung von King Charles III. Die Fasziniertheit in Demokratien lebender Bürger von der Monarchie, sei es in Großbritannien, Spanien oder den nordischen Staaten, wie Dänemark oder Schweden, ist leicht erklärt: Der Monarch, die Monarchin ist die personifizierte Klammer des Staates, das lebende Symbol einer Nation. Der König steht über den Parteien und unparteiisch an der Spitze des Staates, dient ausschließlich seinem Volk. Er repräsentiert kraft seines Amtes und der sichtbaren Zeichen die jahrhundertealte Tradition des Landes, ist somit das identitätsstiftende Element zur Stärkung eines gesunden Patriotismus. King Charles wird es gleich gut oder gleich schlecht wie alle Vorgänger machen, seine Aufgabe ist eben, die Kontinuität fortzusetzen. Und vor den TV-Geräten sitzen viele Österreicher und summen „God save the King“. Klar, denn mit Blick auf den republikanischen Besetzer der Hofburg und dessen glanzlose Erscheinung, dessen fragwürdige Amtsführung ist den Österreichern selbst ein König lieber.

Österreich braucht Meinungsfreiheit, eine Besinnung auf die Grundrechte der Bürger. Wir brauchen eine österreichische Regierung, die die Interessen der Bevölkerung vertritt und nicht nur jene der Brüsseler Bürokraten. Wir brauchen Vernunft und Logik in der Asyl- und Zuwanderungsdebatte. Wir müssen unseren Sozialstaat vor einer wirtschaftlichen Wanderungsbewegung schützen. Es ist die Aufgabe einer Regierung, drohende Gefahren von der Bevölkerung abzuwenden, die Neutralität zu wahren und für Frieden einzutreten. Der aufkeimenden *Wokeness*, dem Relativismus, dem Genderwahn, dieser gesteuerten Verkehrung der Realität, der freiheits- und wahrheitseinschränkenden politischen Korrektheit sind ohne Wenn und Aber die Werte der Aufklärung, der intellektuellen Redlichkeit gegenüberzustellen. Wenn diese Grundprämissen in den Augen linker Agitatoren schlicht „Orbánismus" bedeuten, dann bin ich für Orbánismus auch in Österreich, wenngleich Viktor Orbán jener Politik entspricht, die beispielsweise Jörg Haider in Österreich über drei Jahrzehnte hinweg verfolgt hat. Daher könnten wir eher von Haiderismus sprechen, denn er kann europaweit doch als Gründervater einer Bewegung verstanden werden, die eine Politik der Freiheit und Vernunft verfolgt. Aber nun zu Ungarn und dem besagten Orbánismus: Während wir die zügellose Zuwanderung mit einem Klimabonus für Asylwerber befeuern, zeigt Ungarn, dass es auch anders geht. Während wir die Unterwanderung unserer Gesellschaft mit all den dramatischen Kollateralschäden herbeiführen, macht Ungarn die Grenzen dicht. Während unsere Regierungsvertreter in Brüssel rückgratlos bei jedem Schwachsinn nicht nur mittendrin, sondern ganz vorn dabei sind, nutzen Ungarns Regierungsvertreter das Einstimmigkeitsprinzip innerhalb der EU-Räte für die ungarische Sache. „Ungarn zuerst", lautet das Motto der Budapester Regierung. Es würde uns gut anstehen, auch „Österreich zuerst" zu postulieren, anstatt der nützliche Idiot einer geistig dem Amt kaum gewachsenen Frau Von der Leiden zu sein. Es würde uns gut anstehen, auf das eigene Volk zu schauen, anstatt die Probleme der Welt lösen zu wollen.

72 Prozent der in Österreich – nicht in der Türkei – lebenden Türken haben für Erdoğan gestimmt. Also 72 Prozent der 118.000 Türken in Österreich wollen zwar auf keinen Fall unter den Segnungen des großen Bosporus-Führers, seiner Korruption, seiner Kleptokratie, seiner Gewalt, seiner Diktatur leben, wollen nicht vor Ort sein, unterstützen aber, dass der einfache türkische Bürger unter der Horrorinflation leidet, dass der oberste Ziegentandler im Milliardenpalast lebt, während das Volk darbt. 72 Prozent dieser Türken wollen unter allen Umständen lieber in Österreich leben, wollen lieber die Segnungen unseres Gesundheitssystems, unseres Sozialsystems, unserer Wirtschaft, unserer Infrastruktur, unserer Umwelt in Anspruch nehmen, finden aber einen primitiven Erpresser und Nötiger in einem Land besser, wo sie selbst nicht einmal sterben wollen. 72 Prozent dieser Türken leben in der Freilandhaltung, wollen aber ihre Landsleute im Käfig belassen. 72 Prozent sehen in Erdoğan den größten Staatsmann aller Zeiten, wollen aber nicht unter seinen Fittichen leben. Sehr eigenartig. 82.600 in Österreich lebende Bürger fühlen sich in unserem demokratischen System in Wahrheit nicht wohl, sehen unser säkulares System kritisch. Lassen sich aber von den Errungenschaften dieses Systems durchfüttern. Ich hätte da, wie schon vor Jahren, eine großartige Idee. Aus gelebter Toleranz, aus gelebtem Humanismus müssen wir unter allen Umständen dafür sorgen, dass die Fans von Erdoğan endlich mit ihm unter einem Dach leben können. Mit einem Flugticket, mit einem Zugticket, mit dem Fahrrad, mit dem Bus, mit dem E-Auto, mit der Rikscha, mit dem Schiff – aber alles *one way*. Endstation Ankara oder Istanbul. Denn wir können es als Österreich unter keinen Umständen verantworten, dass 82.600 Menschen regelrecht dazu gezwungen werden, in dieser Moderne zu leben, wo ihr sehnlichster Wunsch doch eher das Mittelalter ist. Und auch wenn es bei uns die ÖVP, Herrn Sobotka oder ähnliche Gestalten gibt. Und auch wenn es bei uns systematisierte Korruption in der Regierung gibt und wir die Einschränkung der Grund- und Freiheitsrechte durch wildgewordene Horden auf der Regierungsbank erleben. Wir Österreicher finden uns

im Gegensatz zu den 72 Prozent der hier lebenden Türken mit den Ganoven nicht ab. Wir kämpfen!

16. MAI 2023

Der Kriegsverbrecher Obama bekam den Friedensnobelpreis. Die Mutter des Einzelfalles Merkel das Großkreuz des deutschen Verdienstordens. Der Kriegstreiber Selenskyj bekommt den Karlspreis, und Greta Thunberg wird Ehrendoktorin der Theologie. Man gewinnt langsam aber sicher den Eindruck, dass ausgerechnet die zweifelhaftesten und übelsten Zerstörer der Menschheit dafür von den Ihren geehrt werden, wenn sie sich besonders an der Gesellschaft, am Wohl der Allgemeinheit, am Frieden der Welt, an unserem Steuergeld, an unserer Sicherheit, an unserem Wohlstand vergangen haben. Die Hunderttausenden Kriegstoten des Herrn Obama, seine sinnlosen Kriege im Nahen Osten, die unzähligen Kriegsverbrechen, die Foltergefängnisse namens Abu Ghuraib oder Guantanamo haben ihn, den amerikanischen Friedensstifter, regelrecht dafür prädestiniert, ausgerechnet Träger des Friedensnobelpreises zu werden. Der Wirtschaftsnobelpreis wäre angemessener gewesen, denn die Waffenwirtschaft zählte unter dieser fleischgewordenen PR-Blase zu den großen Gewinnern. Die Opfer des Einzelfalles von Mia aus Kandel bis heute herauf zu Ann-Marie, die vollen Friedhöfe der „Wir-schaffen-das"-Politik, die Spaltung der deutschen Gesellschaft, die Polarisierung der demokratischen Lager haben dazu geführt, dass Merkel neben Adenauer und Kohl ins deutsche Politwalhalla gehoben wird. Und nun ist auch klar, dass dieser zweifelhaften Intention, die größten Ganoven der Menschheit zu ehren, entsprechend auch Wolodimir Selenskyj dran ist. Er bekommt in Aachen den Karlspreis. Für die Korruption in der Ukraine, für die Zigtausenden Toten der Aktion „Kanonenfutter am Donbass", für seine Offshorekonten, für die Weigerung, Friedensverhandlungen zu führen, für den Raubzug am europäischen Steuerzahler. Stellvertretend für seine Oligarchenfreunde nimmt er in Aachen unter Tränen der Rührung in Camouflage gehüllt den Karlspreis entgegen. Und wird sich mit Kriegsrhetorik dafür bedanken. Warum man noch nicht Erich Honecker postum für die Mauertoten geehrt hat, entzieht sich meiner Kenntnis. Auch Idi Amin würde sich für seine Verdienste um die Menschenrechte noch anbieten, dicht gefolgt nicht zuletzt von Josef Stalin. Aber der feiert in den kommunistischen Parteien ohnedies seine Auferstehung. Wahrlich, wir leben in einer verkehrten Welt. In einer offenen Psychiatrie, wo das Gute als reaktionär gilt und das einst Böse als progressive Segnung verehrt werden muss.

22. MAI 2023

Völlig ungeniert sitzt eine Regierung in ihrer Untätigkeit jene dramatische Situation aus, wonach noch nie so viele Menschen von akuter Armut bedroht sind. Völlig schamlos wird von den Bürgern weiterhin Steuergeld eingetrieben, damit sich eine in allen Bereichen gescheiterte Regierung ihre Propagandaorgel ORF mit mehr als 700 Millionen Euro im Jahr als willfähriges Handäffchen halten kann. Völlig gewissenlos brechen vereidigte Verantwortungsträger eines neutralen Landes die Neutralität, lassen Waffenlieferungen in Kriegsgebiete zu, heulen im Chor der Kriegstreiber mit, sanktionieren und wundern sich über die Horrorinflation. Ungeniert feiern sich Regierungsmitglieder in den vom Steuerzahler mit Zigtausenden Euros finanzierten Opernballlogen selbst ab, während sich ein Großteil der Bürger das tägliche Leben nicht mehr leisten kann. Unverfroren tönt ein niemals gewählter Kanzler, dass nur „die Arbeit die Armut verhindert", und vergisst, dass die arbeitenden Leistungsträger trotz 40 bis 60 Stunden in der Woche die Fixausgaben nicht mehr stemmen können. Bedenkenlos schützt eine Regierung die Konzerne, die Ölmultis, die Energieunternehmen, den Großhandel, anstatt mit Preisdeckelungen für die wichtigsten Güter des Alltages für eine Entspannung der horrenden Teuerung zu sorgen. Noch nie in der Geschichte der Zweiten Republik, noch nie in der Nachkriegsgeschichte Österreichs war das für jedermann sichtbare Scheitern so groß. Noch nie in der demokratischen Geschichte unseres Landes wurde dieses Österreich von einer schwächeren Regierung als der gegenwärtigen geführt. Dies zeigt sich in den Inflationsstatistiken, dies zeigt sich in den Beschäftigungszahlen. Dies zeigt sich darin, dass sich immer mehr Menschen Woche für Woche die entscheidende Frage stellen, ob sie tatsächlich einen Kredit aufnehmen müssen, um Lebensmittel zu kaufen, Energiepreise zu zahlen oder Mieten zu überweisen. Statt die Preise temporär amtlich zu regulieren, doktern die politischen Kurpfuscher weiter herum. Statt mutig, wie Ungarn, Allianzen gegen die Sanktionen zu suchen, machen sich Nehammer, Schallenberg und Co. weiterhin als Fußabstreifer der USA in Washington beliebt. Denn sie denken nicht an uns, sondern nur an sich selbst!

14. JUNI 2023

Der letzte Rest vom Schützenfest hat einen neuen Vereinsobmann – sagen wir's mal so. Denn die Richtigkeit der SPÖ-Mitgliederbefragung und das Parteitagsergebnis werden für immer unter der Tuchent bleiben, der Makel des möglichen Wahlbetruges haftet am Vorgang. Ausgerechnet die SozialDEMOKRATEN waren nicht in der Lage, eine Vorsitzwahl ordnungsgemäß demokratisch durchzuführen. Der demokratische Sieger der Mitgliederbefragung wäre nämlich Hans-Peter Doskozil gewesen. Der Sieger des Parteiestablishments am Sonderparteitag war ebenso Doskozil. Erst mit einer Verzögerung von 48 Stunden, in denen die Stimmzettel in einem Zimmereck in der Löwelstraße für jedermann inklusive der Putzfrau greifbar waren, wird nun Andreas Babler, der Linksausleger aus Traiskirchen, wie der zerrupfte rote Hase aus dem Zylinder gezaubert. Nun ist es der eigendefinierte Marxist Babler, mit dem weiteren Makel, dass er Parteivorsitzender einer Partei ist, die entweder angesichts der mathematischen Talente der einzelnen Proponenten taxfrei zum größten Haufen von Deppen in der Weltgeschichte oder als Sammelsurium von Wahlbetrügern deklariert werden darf. Aber gehen wir davon aus, der Schmalspur-Peppone Genosse Babler ist nun SPÖ Chef, also Masseverwalter einer heillos zerstrittenen Gruppierung. Wird er die unterschiedlichen Lager einen können? Nein! Denn allein seine inhaltlichen Vorstellungen klingen zwar romantisch, doch halten sie der Realität in den SPÖ-regierten Bundesländern nicht stand. Und da sind wir beim Problem: Genosse Vorsitzender fordert leistbares Wohnen! Applaus der Basis. Genosse

Ludwig erhöht die Mieten im roten Wien! Alle sind enttäuscht. Genosse Peppone fordert die EU kritisch heraus! Applaus der Wähler. Genosse Schieder aus Brüssel unterwirft sich mit Haut und Haaren der EU-Agenda! Der Wähler wendet sich ab. Genosse Babler fordert die Senkung der Energiekosten! Kärntens Kelag im Einflussbereich von Genosse Kaiser erhöht die Tarife. Die SPÖ ist eben allzu sehr im „System der da oben" verwachsen, als dass gerade der Bundesparteivorsitzende sich als roter Robin Hood gegen die mächtigen Eliten inszenieren könnte. Und daher wird Babler schneller scheitern als Rendi-Wagner.

25. JUNI 2023

Der neue Wallenstein Moskaus, der Stauffenberg Russlands, titelten die Medien. Die Superlative der Heldenzuschreibungen wurden euphorisch aus den Tasten geklimpert, in Jewgeni Prigoschin hatte Europa seinen neuen Messias gefunden. Die Geheimwaffe, die Putin, den Schlächter und Mörder, endlich zur Strecke bringen würde, war geboren. Jene Kommentatoren, die in Prigoschin den größten und blutrünstigsten Kriegsverbrecher seit Jahrzehnten gesehen hatten, machten binnen eines Samstags die geistige Transformation durch und beschrieben den gekauften Mörder und Schlächter nun als lupenreinen Demokraten, Freiheits- und Widerstandskämpfer. Das alte, wenngleich auch verlogene Zitat: „Der Feind meines Feindes ist mein Freund", wurde für alle Welt wieder einmal sichtbar. Bange Stunden lang verfolgte die westliche Elite den Umsturz. Putin sei bereits nach St. Petersburg geflohen, die russische Elite mit ihren Privatjets längst weg, kein Flug aus Moskau mehr buchbar, die Stadt abgeriegelt, der innere Feind stehe wenige Minuten vor dem Kreml. Der bereits geputschte russische Staatschef habe sich mit ein paar Tausend Tschetschenen verschanzt. Die nächsten 48 Stunden würden entscheidend, das Volk habe sich nun endlich gegen den russischen Diktator aufgelehnt, Russland werde dem Erdboden gleichgemacht. Und während also Europa und die USA samt Herrn Selenskyj vom großen Umsturz träumten, den Kriegsverbrecher Prigoschin zum Freiheitskämpfer und Helden verklärten, kam es eben wieder anders als Selenskyj, Biden, Schmähammer, Macron, die Polen, die Briten und der Rest des blutrünstigsten Gesocks dachten. Der Denkfehler schlechthin war, auf einen Söldner zu setzen. Denn Söldner springen, wie es der Name schon sagt, auf Befehl des Rubels. Und wenn der Kreml mehr bietet als Washington, ist der neue Andreas Hofer am Don halt bald *perdu*. Und wechselt, wie so oft, die Fronten. Erstaunlich, dass Europas moralisch erhobene Führer ausgerechnet auf einen Kriegsverbrecher setzten, um einen Kriegsverbrecher dingfest zu machen. Erstaunlich, dass Europas Heerschaaren auf einen gekauften Heerführer setzten und tatsächlich glaubten, dass man mit exakt 25.000 Soldaten ganz Russland binnen 48 Stunden einnehmen könnte. Erstaunlich, dass man das weltgrößte Atomarsenal lieber in den Händen des Herrn Prigoschin als in der Verantwortung des Herrn Putin gesehen hätte. Man hätte vielleicht weniger Stauffenberg oder Wallenstein zitieren sollen. Shakespeare hätte auch gereicht: „Viel Lärm um nichts." Oder: Ein Satz mit X, das war wohl nix.

1. JULI 2023

Genosse Babler!
Sie waren einst ein Marxist, dann wieder nicht, und schlussendlich nur ein bisschen Kommunist? Sie wollten Kruzifixe verbrennen und können sich heute an nichts mehr erinnern? Sie kassierten vier Gehälter und wurden dennoch von Ihrer eigenen Gemeinde gepfändet? Sie verabscheuten die EU und kriechen heute als neuer roter Capone der Roten zu Brüssels Kreuze? Sie wurden Parteichef, weil Ihre eigene Partei nicht bis 600 zählen kann, und wollen tatsächlich mit diesen schleißigen mathematischen Kenntnissen Verantwortung für den gesamten Staatshaushalt übernehmen? Sie geißeln die Inflation, die neue Armut im Land, und Ihre eigenen Sozis in Wien erhöhen die Mieten und verdienen an den explodierenden Strompreisen? Sie wollen Tempo 100, Ihre eigenen Genossen hingegen nicht? Sie sprechen von Mitgliederzuwachs, dabei treten die Peppones täglich reihenweise aus? Sie betonen die Einheit und Geschlossenheit der roten Reihen, dabei schießen die Heckenschützen aus allen Bundesländern mit Stalinorgeln auf Sie? Genosse Babler, selbst die von *Joy* entleibte Pamela war bei Ihrem

Amtsantritt politisch stabiler, inhaltlich integrer, intellektuell gefestigter, als Sie es in den wenigen Tagen Ihrer neuen Tätigkeit als Konkursverwalter der Sozialdemokratie zur Schau gestellt haben. Es stimmt schon, die Qualifikation des politischen Establishments hat sich die letzten Jahre unter das Niveau des Marianengrabens begeben. Aber nur, weil sich über Österreichs Politelite der Schatten der kollektiven Dummheit gelegt hat, werfen solche Traiskirchener Zwerge wie Sie noch lange keinen großen Schatten. Wären Sie nur dort geblieben, wo Sie erfolgreich waren: als roter Maulheld in Niederösterreich, der die letzten Jahre genüsslich seine eigene Parteispitze durch Sonne, Mond und Sterne schoss, sich auf deren Kosten profilierte. Jetzt sind Sie selbst Parteispitze. Und werden von der Vernunft täglich entlarvt. Freundschaft, Genosse Blabla.

PS: Die Chancen, ungekrönter König des Fettnapfes zu werden, stehen höher, als dass Sie jemals am Ballhausplatz den Kanzlersessel an sich krallen. Garantiert!

19. JULI 2023

Und irgendwo sitzt in den sommerlichen Tagen Herbert Kickl auf einem Berg, reibt sich die Hände und lacht sich ins Fäustchen. Denn der FPÖ-Chef hat in der ÖVP seine beste Wahlkampforganisation gefunden. Kugelschreiber sind nicht mehr notwendig, Plakate sinnlos, zumal ja ohnedies der nie gewählte und in breiten Teilen der Bevölkerung verhasste Kanzler Nehammer, sein noch unsympathischerer Innenminister, die einem Gefrierschrank ähnliche Europaministerin und die skurril anmutende Landesverteidigungsministerin im Stakkato ausrücken, um Kickl zu dämonisieren. Der vermeintliche Dämon wird aber dadurch nur größer, für die Wähler nur noch interessanter, als er ohnedies schon ist. Die ÖVP hat sich in den letzten Jahren durch eigenes Versagen in eine *Lose-lose*-Situation gebracht. Klebt sie weiter still und stumm und untätig an den Regierungsposten, scheitert sie weiter jeden Tag an den einfachsten Aufgaben, steigt die Inflation weiterhin, verarmt die Bevölkerung ungebremst, wächst die Sehnsucht der Bürger nach einer Alternative, wie es die FPÖ nun unter Kickl ist. Greift die ÖVP hingegen Kickl regelmäßig an, macht sie aus ihm den großen monströsen Elefanten, versucht sie ihn zu diffamieren und dämonisieren, wird er nur noch wichtiger, als er ist, und folglich noch erfolgreicher. Geht die ÖVP jetzt in Neuwahlen, verliert sie locker 15 Prozent Wählerzustimmung. Bleibt sie weiter in der Regierung, rutscht sie unter 20 Prozent und kann sich jede Regierungsbeteiligung für die nächsten 20 Jahre aufzeichnen. Und so erleben wir als logische Folge des schwarz-türkisen Desasters die letzten rhetorischen Zuckungen einer Partei, deren Strategie nicht mehr durchschaubar ist, deren Ende absehbar wird. Im kommenden Jahr wird die ÖVP bei der EU-Wahl eine vernichtende Niederlage erleben. Die FPÖ könnte erstmals auf Platz eins landen. In der Steiermark, dem letzten schwarzen Bundesland, verspielt der Schützenhöfer-Nachfolger Drexler dank nicht vorhandener Sympathie und Empathie das letzte Erbe. Mario Kunasek und die FPÖ könnten den Landeshauptmann stellen. Und das Finale wartet dann planmäßig im Herbst, wenn die ÖVP endgültig den Löffel und damit die Macht abgibt. Irgendwie verdient.

20. JULI 2023

Van der Bellen!
Da dachte ich doch kurz, aber wirklich nur kurz, Sie seien geläutert. Vom Saulus der Spaltung zum Paulus der Einheit. Sie, der noch unlängst jeden Österreicher, der sich gegen den Neutralitätsbruch, gegen den Wirtschaftskrieg gegen Russland, gegen die nachfolgende Horrorinflation stellte, als „Kollaborateur Putins" diffamierte, sahen nun in Bregenz die Einheit des Landes gefährdet, wenn man von Normalität spricht. Erstens freue ich mich, dass Sie aus Ihrem Siechtum in der Hofburg endlich wieder einmal erwacht sind und der Menschheit davon zeugen, dass Sie überhaupt noch leben. Und siehe da, bei bester Gesundheit. Wach wie immer nur dann, wenn Schützenhilfe für Ihre Zehn-Prozent-Kompostis, sprich: die kaputten GrünInnen, gefragt ist. Da eilen Sie dem sprachlich torkelnden Werner zur Seite. Ja, alte Liebe rostet nicht. Und auch wenn Sie als Bundespräsident zur Überparteilichkeit gezwungen sind: Was schert Sie, Herr Präsident, diese lächerliche österreichische Verfassung? Können Sie sich noch erinnern? Die Geset-

ze galten doch für Sie nie. Die Corona-Verordnungen, die Sie mit Unterschrift mittrugen und bei erster Gelegenheit gleich brachen. Nun tauchten Sie also nach den langen Monaten seit Ihrer Wiederwahl wieder auf wie einst aus dem Loch Ness. Die Inflation bewegte Sie zu keiner Wortmeldung. Die wöchentlichen Pleiten österreichischer Betriebe bewegten Sie zu keiner Wortmeldung. Der Neutralitätsbruch der österreichischen Bundesverfassung durch den Beitritt zum NATO-„Sky-Shield" scherte Sie einen Dreck. Aber wenn es darum geht, der FPÖ etwas auszurichten, sei es in Niederösterreich oder in Salzburg, da blitzen Ihre Augen, und ich erblicke den guten alten Grünen-Bundessprecher, der einst im Parlament hetzte, spaltete, polarisierte. Aber nur, wenn keiner zusah. Wenn es Publikum gibt, dann mimen Sie ja den guten alten Opa aus der Hofburg. Die Normalität also ist Ihnen ein Dorn im Auge. Ja, als Schutzmantelheiliger der Abnormalen in Österreich, also Ihrer einstigen Partei, wundert's niemanden. Und Sie dürfte es auch an dieser Stelle nicht wundern, dass ich mir sehnlichst wünsche, dass Ihre restliche Amtszeit wie ein Wimpernschlag vergeht. Und mit mir eine Mehrheit der Normalen in unserem Land.

5. AUGUST 2023

Liebe Politiker,
der Verzicht war noch nie eure große Stärke. Worüber muss man eigentlich lang und breit diskutieren, wenn es um die einfache Entscheidung geht, auf die skandalöse Gehaltserhöhung von zehn Prozent zu verzichten? Da wird gerungen, da wird gestritten, da wird diskutiert, da wird gedealt. Wie am Basar von Damaskus. Nur: Unser Steuergeld besteht nicht aus Pistazien. Zukunftsvergessen, dekadent und abgehoben wehrt sich die politische Elite, ihr politisches Scheitern auch am eigenen Gehalt zu spüren. Da kündigt der Kanzler vollmundig einen Verzicht an, sagt aber nicht dazu, dass die Landeshauptleute, die Landesräte, die Parlamentsabgeordneten zu ihren bisherigen Megagehältern eine fünfprozentige Gehaltssteigerung bekommen sollen. Da legen sich die Landeshauptleute quer und wollen mit der Regierung diskutieren. Es ist recht einfach: Die Inflation raubt den Menschen in unserem Land das Einkommen

zum Auskommen. Millionen von Bürgern stehen täglich vor einem Stapel von Rechnungen und wissen nicht, wie sie diese begleichen sollen. Die Lebensmittelpreise haben sich verdoppelt, in Italien oder Deutschland ist das Leben viel günstiger als in Österreich. Die Treibstoffpreise haben sich erhöht, in Kroatien liegt der Treibstoffpreis 30 Cent unter dem österreichischen Wert. Wir verzeichneten über Monate eine Inflation von knapp zehn Prozent, nun liegt sie auf hohem Niveau bei sieben Prozent. In der Schweiz liegt sie bei soliden zwei Prozent. Wir verzeichnen in Deutschland einen Rückgang der Wirtschaftskraft, eine Winterrezession liegt vor uns, anderen europäischen Ländern droht das Schicksal nicht. Es liegt doch Schwarz auf Weiß vor uns: Das politische Establishment ist gescheitert, es hat nicht geliefert! Und wir Steuerzahler sehen daher nicht ein, dass wir unserem politischen Personal eine Gehaltserhöhung genehmigen sollen, wenn dieses sich in größtmöglichem Scheitern ergeht. Daher sollten wir die Politikergehälter nicht im Ausmaß der Inflation anheben, sondern schlicht kürzen! Wenn die Regierung und das Parlament durch ihre Fehlentscheidungen eine Inflation verursachen, sollen sie es als erste spüren. Denn das Verursacherprinzip gilt auch für Politiker!

19. AUGUST 2023

Zeit zu bilanzieren, dass die ukrainische Frühjahrsoffensive ein Schuss mit dem Ofenrohr ins eigene Knie war. Die Ukraine, am Tropf der NATO, der USA und der EU hängend, hochgerüstet bis zu den Zähnen, unterstützt mit Milliarden Euro Steuergeld, hat keine nennenswerten Bodengewinne verzeichnen können. Wie prophezeit befinden sich die Ukraine und Russland in einem Abnutzungskrieg. Wer als erster die Soldaten verliert, verliert am Schlachtfeld. Angesichts der Tatsache, dass Russland über eine Million aktiver Soldaten, zwei Millionen Reservisten und knapp 47 Millionen wehrfähiger Personen verfügt, die Ukraine hingegen nur über 195.000 Soldaten, die wehrfähigen Männer irgendwo zwischen der Cote d'Azur, Sardinien und Portofino in den Luxushotels darben, sich dafür mit Millionen Dollar im korrupten Regierungssystem Kiews freigekauft haben, ist es nur eine Frage der Zeit, bis der Ukraine die Luft ausgeht. Und dies, obwohl uns die Propagandainstrumente der EU und der NATO doch seit Monaten erklären, dass die Frühjahrsoffensive der Ukraine Putin endgültig zu Fall bringen werde. Für zig Milliarden Euro mussten Waffen geliefert werden. Von den USA, von Großbritannien, von Frankreich, von Deutschland. Denn nur wenn der Westen liefert, ist der Sieg nahe. So die anfängliche Legende. Dann folgten Panzer, denn ohne Panzer kann man nicht gewinnen. Die Panzer wurden geliefert, der Sieg ist noch immer fern. Nun sollen Raketen helfen, denn nur dann kann die Ukraine gewinnen. Und auch hier wird nichts daraus. Sondern unser Steuergeld verpulvert irgendwo im Osten der Ukraine als das teuerste und sinnloseste Feuerwerk der Welt. Es ist Zeit zu erkennen, dass kein Euro, keine Waffe, kein Panzer, keine Rakete der Ukraine den Frieden beschert. Denn bald 100 Milliarden Euro für zwei Zentimeter Landgewinn zu versenken ist eine schlechte Rechnung. Zumindest für die Steuerzahler. Für die Waffenindustrie das genialste Geschäft. Es ist Zeit, an den Verhandlungstisch zurückzukehren. Es ist Zeit zu erkennen, dass Waffen für die Ukraine eben nicht den Frieden bringen, sondern nur gerechte Friedensverhandlungen dauerhaft Sicherheit geben.

21. AUGUST 2023

Van der Bellen!
Ist da jemand? Leben Sie noch? Oder genießen Sie ihre 365 Tage andauernde Freizeit samt arbeitslosem Einkommen irgendwo zwischen der Hofburg, der Sommerresidenz in Mürzsteg, dem Kaunertal und zwei Aschenbechern? Ist Ihnen entgangen, dass Österreichs Wirtschaft nachlässt, wir vor einer Winterrezession stehen? Haben Sie beim morgendlichen Zeitungsstudium zwischen den Nebelschwaden Ihrer in Serie verschlungenen Glimmstängel vielleicht übersehen, dass die Arbeitslosenstatistiken steigen und Tausende fleißiger Arbeitnehmer vor die Tür gesetzt werden? Was sagen Sie dazu, dass ein von Ihnen angelobter Exkanzler im Oktober vor Gericht steht? Finden Sie irgendwelche mahnenden Worte dazu, dass die von Ihnen unterstütze Sanktionspolitik eine bis 2025 prognostizierte Horrorinflation beschert? Hunderttausende Menschen können

sich das tägliche Leben nicht mehr leisten. Viele fragen sich zur Stunde, wie sie die fortgaloppierenden Kosten des täglichen Lebens noch bestreiten sollen. Die Banken kassieren Kreditzinsen und schreiben fette Gewinne, Guthabenzinsen geben sie an die Sparer hingegen nicht weiter. Unsere Lebensmittelpreise sind im Gegensatz zu Italien und Deutschland hoch, die an einer Hand abzuzählenden marktbeherrschenden Lebensmittelkonzerne gehören zu den großen Krisengewinnlern. Herr Van der Bellen, schweigen Sie wirklich zu alledem? Haben Sie wirklich nichts zu sagen? Das Staatsoberhaupt ist das höchste, vom Volk direkt gewählte Organ der Republik. Der Bundespräsident sollte der Schutzschild der Österreicher sein. Außer zwei verhaltensoriginellen Reden bei Festspieleröffnungen scheinen Sie auf Tauchstation gegangen zu sein. Die Bürger unseres Landes haben Sie enttäuscht. Denn die Erwartung war doch groß, dass Sie wenigstens in der zweiten Amtszeit das physische Stadium eines im Permafrost steckenden Siebenschläfers hinter sich lassen, mutig die Eliten in die Schranken weisen würden. Es gäbe für einen Bundespräsidenten in Zeiten wie diesen viel zu tun. Und für 26.000 Euro vierzehnmal im Jahr dürfen wir schon erwarten, dass Sie endlich in die Gänge kommen. Es grüßt Sie in die verwaiste Hofburg herzlich Gerald Grosz!

24. AUGUST 2023

Liebe ÖVP,
die nächste Hausdurchsuchung erschüttert den „Freundeskreis kriminell auffälliger Personen in Österreich“ alias Volkspartei. Ein weiteres Meinungsforschungsinstitut steht im Verdacht, mit Funktionären eurer Gesinnungsgemeinschaft krumme Geschäfte zum Schaden von uns Steuerzahlern gemacht zu haben. Es ist schon ein starkes Stück, dass eine amtierende und noch im Amt befindliche Regierungspartei nach dem Verbandsverantwortlichengesetz kollektiv, also vom Putzbesen bis zum Parteichef, einen korrupten Verdachtsfall darstellt. Das gab es noch nie, die nächste traurige Premiere auf der Bühne der Bananenrepublik Österreich, die sich nur mehr durch eine generelle Unschuldsvermutung auszeichnet. Angesichts gefühlt 1000 verdächtiger und/oder beschuldigter Funktionäre, gan-

zer Parteigruppen, ehemaliger Regierungsmitglieder, nahestehender Personen, ehemaliger Führungsfunktionäre und Mitarbeiter könnt ihr froh sein, dass das österreichische Strafgesetzbuch im Gegensatz zum Allgemeinen Bürgerlichen Gesetz relativ knapp ausfällt und ihr bald alle Paragrafen, die das StGB halt so hergibt, durch habt. Da wären Betrug, Untreue, Amtsmissbrauch, falsche Zeugenaussage. Mord fehlt noch. Aber ich bin sicher, das bringt ihr auch noch hin. Banken müsst ihr keine überfallen, die gehören ja in euren Dunstkreis. Was kriminelle Energie anbelangt, ist auf euch wirklich Verlass. Wir wären auch schneller mit der Aufzählung ehrenwerter, also unbescholtener und justiziell noch nicht verfolgter Personen durch, als wenn wir nach dem Alphabet alle jene aufzählen müssten, die in Bälde auf einer Anklagebank Platz nehmen. Ihr leistet wirklich ganze Arbeit. Die Clans in Deutschland wären auf euch stolz, die haben es in keine Regierung geschafft. Nur die Amateure sitzen dort auf der Regierungsbank. Ihr scheint richtige Profis zu sein. Da stellt sich für mich die Frage, wo eure Funktionäre diesen ausgelebten Hang zum Halbseidenen lernen. Bekommt man den schleißigen Umgang mit dem Strafrecht und der Moral mit der Muttermilch in der Jungen Volkspartei verabreicht? Oder muss man erst eine führende Rolle in einem eurer Bünde übernehmen, bevor man mit einem Bein im Kriminal steht? Natürlich steht es euch frei, weiterhin euer Unwesen zum Gaudium der Staatsanwälte zu treiben. Aber Vorsicht! Es könnte einer von den Herren im Talar auf die Idee kommen, euch als kriminelle Vereinigung anzuklagen. Dann würde eure Parteigeschichte genau dort enden, wo die italienischen Christdemokraten das ihrige Ende tatsächlich gefunden haben. Viele Österreicher lieben eben Italien, aber keine italienischen Verhältnisse in der Politik. Das ist euer Pech!

6. SEPTEMBER 2023

Frau Zadić!
Es ist was faul im Staate Österreich! Ein Mann, prominent, konsumiert Zigtausende Fotos von vergewaltigten Kindern. Nicht genug des Wahnsinns! Er kommentiert diese Darstellung des Leidens unschuldiger Kinder mit abartigen und sadis-

tischen Texten. Im Zuge des Prozesses wird der Öffentlichkeit ein Einblick in die verkommene, kaum therapierbare Seele des Täters gewährt. Die Hölle tut sich auf. Journalisten, die Zeugen dieser dokumentierten Schande sind, wenden sich mit Grauen ab, sind kaum in der Lage, zu berichten. Der Täter – er geht frei aus, er geht als freier Mann vom Felde eines österreichischen Gerichtes. Denn er war ja bisher unbescholten, obwohl man ihm mehrere Jahre Pädophilie nachweisen konnte. Obwohl er Drogen konsumierte, ist seine Weste weiß wie der Schnee auf seinem Schlafzimmertisch. Der Gutachter, also jener Vertreter der Gutachterindustrie, die in Wahrheit in Österreich über Gut und Böse entscheidet, bescheinigt dem Täter Therapierbarkeit außerhalb der Gefängnismauern. Gibt uns dieser sogenannte Gutachter die Garantie, dass der Täter nicht wieder rückfällig wird? Haftet dieser Gutachter für sein literarisches Werk, diese Reinwaschung eines Kapitalverbrechers? Nein. Tut er nicht. Der Täter geht frei aus, mit einer bedingten Strafe. Diese steht in keiner Relation zu jener Monstrosität, die ihm nachgewiesen wurde. Dieses Urteil hat nichts mit Recht und Gerechtigkeit zu tun. Und ist es ist schon gar kein Signal an die schlummernden Schweine innerhalb unserer Gesellschaft. Die lesen heute die Zeitung und denken sich: Passiert ja nichts. Und zu Mittag werden diese Täter wieder Kinder missbrauchen oder die Darstellung des Missbrauchs zum abartigen Lustgewinn konsumieren. Denn diese Täter wissen: Mit Ihnen, Frau Zadić, haben sie eine Ministerin, die wegsieht. Eine Politikerin, die nicht in der Lage ist, in unserem Land für Recht und Gerechtigkeit zu sorgen. Eine Grüne, die schon aus ideologischen Gründen der Irrlehre anhängt, bei Pädophilie handele es sich um eine sexuelle Neigung, die zwar verpönt bleiben, aber nicht zur Ächtung der Täter führen soll. Frau Zadić, ich werde den Eindruck nicht los, dass Ihnen, Ihrer Regierung und dem Parlament der Schutz von Tätern wichtiger erscheint als das Leid der Kinder. 60 Verhandlungen über Kreaturen, die ihren Lustgewinn aus bildlichen Darstellungen geschändeter Kinder ziehen, werden in der Woche in Österreich abgeführt. Ein Großteil dieser Täter geht, wie der hohe Burgschauspieler, mit einem justiziellen *Handshake* aus dem Gerichtsgebäude. Es ist etwas faul im

Staate Österreich. Und am meisten stinkt es in Ihren politischen Zirkeln.

7. SEPTEMBER 2023

Teichtmeister!
Sie Gustav Gans der Pädophilie haben richtig Glück! Nun gehen Sie also als freier Mann durch die Welt, als wäre nichts gewesen. Weil in Österreich die Pädophilie justiziell wie ein Kindergeburtstag abgeurteilt wird. Stellen Sie sich vor, Sie hätten diese Delikte in den USA verbrochen. 20 Jahre verschärfter Kerker, wie es Ihnen eigentlich gebühren würde, stehen dort am Programm. Ja, die Amerikaner fackeln da nicht lange. Jan Rouven, deutscher Magier in Las Vegas, kann Ihnen ein Liedchen durch die Gefängnisgitter summen. Gut so, denke ich mir und blicke mit Schimpf und Schande auf Österreichs Gerichte und die untätige Politik, die Sie pardoniert hat. In Österreich wird jeder Hendldieb strenger bestraft als ein Kinderpornograf oder Kinderschänder. Weil in Österreich die Staatsanwälte und Richter Teil einer unterbezahlten Neidgesellschaft sind und daher selbstredend mit voller Lust gegen all jene leidenschaftlich vorgehen, die mit Tricks ihr Vermögen gemacht haben. Für eine Steuerhinterziehung wandert man drei Jahre unbedingt in den Bau. Für den Konsum von 70.000 Darstellungen von 70.000 vergewaltigten Kindern bekommt man quasi einen Blumenstrauß. Da hatten Sie wirklich Glück! Denn Sie galten ja als unbescholten. Also, zehn Jahre lang erwischte man Sie nicht, und im elften Jahr klicken nicht einmal die Handschellen. Sie haben mächtige Freunde. Die Liga der Sachverständigen, die der Anwälte, die der Experten. Die sagen alle: „Der arme Teichtmeister wurde ja eh in der Öffentlichkeit gebrandmarkt. Das sollte reichen!" Ich stelle mir eine andere Frage: Wer hat Ihnen das Kokain, die Vergewaltigungsfotos denn besorgt? Welcher Kreis schickte Ihnen die Abscheulichkeiten Ihrer kranken Lust? Und vielleicht liegt darin die Antwort für Ihr mildes Urteil. Vielleicht ist es eben so, dass in unserem Land die Pädophilenversteher am längeren Hebel sitzen. Ich schäme mich heute, Österreicher zu sein!

Frau Giorgia Meloni!
Viele Italiener haben große Hoffnungen in Sie gesetzt, und ebenso viele haben Sie gewählt. Wenn Sie so weitermachen, werden Sie hingegen abgewählt. Ganz einfach! Denn wer das Volk täuscht, wird ausgetauscht. Und in Italien geht das schneller als gedacht. Waren Sie doch jene, die im Wahlkampf auf offener Bühne in Rom den Stopp des Einwanderungswahnsinns beschworen hat. Waren Sie doch jene, die Italien schützen wollte. Und nun sind Sie jene, die gemeinsam mit Angelas Erfindung, Ursula von der Leiden, Hand in Hand scheitern wird. In Lampedusa wiederholt sich 2015. In Lampedusa wiederholt sich das Chaos, das einen ganzen Kontinent ins Unglück stürzte. Tausende strömen täglich ungehindert nach Europa, die Asylzentren platzen, die EU denkt über die sogenannte Verteilung wieder einmal nach. Weil Europas Führungen, wie Deutschland und Österreich, mit Sozialleistungen locken und die Staatsbürgerschaft verschenken. Geschenkt! Nicht Sie allein tragen Verantwortung, mag schon sein. Aber Sie allein könnten umgehend anordnen, dass die gestrandeten unbegleiteten Minderjährigen mit 1,90 Meter Größe und 30-Zentimeter-Bärten umgehend nach ihrer Ankunft wieder rückgeführt werden. Und zwar in zwei großen Kreuzfahrtschiffen. Dann würden Sie dem afrikanischen Kontinent zeigen, dass Italien kein Ankunftsland, sondern ein Abschiebestaat ist. Dann würden Sie klare Kante zeigen und den Schleppern signalisieren, dass das dreckige Geschäft sinnlos ist. So, mit Frau von der Leiden, signalisieren Sie nur eines: dass Sie eine Marionette des gescheiterten Brüssel sind. Wussten Sie, Frau Meloni, dass Frau von der Leiden Merkels Politik voll und ganz unterstützte? Dass Frau von der Leiden zu den Zerstörern Europas gehört? Dass ausgerechnet diese Dame uns alle ins Unglück stürzt? Mag sein, Meloni, dass Sie ein Trojanisches Pferd sind. Oder einfach dumm und vom Glanz des Amtes geblendet. Wenn Sie so weitermachen, werden Sie das gleiche Ende wie Renzi nehmen: in die Grube der Bedeutungslosigkeit fallen. Und vielleicht ist das gut so, damit Sie Matteo Salvini Platz machen. Denn Europa braucht Schutz und keine offenen Scheunentore!

Herrscht in den USA Chaos oder befreien sich die Bürger nur von einem korrupten Establishment? Letzteres ist wohl wahr, denn Joe Biden, der stotternde Pflegefall, verliert gänzlich die Kontrolle über die Staatsführung, die Republikaner stoßen genüsslich in das politische Vakuum vor. Mit der Abwahl des *Speaker*, des Parlamentspräsidenten, haben Trumps Leute in Washington die milliardenschweren Steuergeldüberweisung an die Ukraine fürs Erste gestoppt, der Kriegslust der Demokraten einen Riegel vorgeschoben. Joe Bidens Lieblingsprojekt, der Krieg in der Ukraine und die damit einhergehenden Gewinne für die Waffenindustrie, sind vorerst Geschichte. Es war auch keinem Menschen in den USA erklärbar, dass es angesichts des angespannten Staatshaushaltes bald keine Gehaltsüberweisungen mehr für die Diener des Staates gibt, aber Milliarden Dollar Steuergeld fast täglich für ein sinnloses Unterfangen in den gierigen Schlund der Korruptionisten von Kiew geworfen werden. Joe Biden hat das Match endgültig verloren, es ist ihm alles entglitten, er hat fertig. Wenn selbst der von der parteipolitisch besetzten Justiz mit unzähligen Klagen eingedeckte Donald Trump in den Umfragen den Amtsinhaber meilenweit abhängt, innerhalb der Demokraten die Amtsfähigkeit des geriatrischen Patienten im Oval Office unverhohlen angezweifelt wird, ist Alarmstufe Rot für die Washingtoner Eliten angesagt. Und vielleicht ist es gut so, dass Trump der nächste Präsident wird. Denn während Trump die Konflikte vom Nahen Osten bis nach Nordkorea mehr oder weniger befriedete, ist es ausgerechnet ein Demokrat wie Biden, der in der Ukraine mit der Fackel herumläuft und Europa mit Millionen von Flüchtlingen „beschenkt“. Auf diese Art der Weltpolizei Marke USA können wir in Wien, Berlin und London gut und gern verzichten. Und Trump wäre auch ein Segen für die Vereinigten Staaten selbst, die sich angesichts der wirtschaftlichen und gesellschaftlichen Probleme langsam, aber sicher wieder auf sich selbst konzentrieren sollten. „America first“, so lautet daher das Motto von Trump, das sich am Ende gegen alle anderen durchsetzen wird.

8. Oktober 2023

Das Entsetzen über das barbarische Morden der Hamas-Terroristen in Israel ist groß. Und mit jedem Toten rückt die Welt näher an den Abgrund. Der Nahe Osten ist destabilisiert, gleicht einem Pulverfass. Israel wurde durch islamistische Terroristen in Gefahr gebracht und wehrt sich gegen die Aggression. Die Bilder machen sprachlos, das Grauen schnürt einem die Kehle zu. Getötete Frauen und Kinder, verschleppte unschuldige Menschen. Und ausgerechnet auf Deutschlands Regierungsbank ist die Betroffenheit am größten. Dabei waren es doch gerade Scholz, Merkel, Baerbock und Co., die diesen Terroristen jährlich 360 Millionen Euro Steuergeld in den Rachen geworfen haben und nicht ausschließen können, dass diese Gelder unter dem Deckmantel der „Entwicklungszusammenarbeit“ für Waffenkäufe missbraucht wurden. Tausende gewalttätige muslimische Antisemiten bejubeln auf den Plätzen Deutschlands das Morden und Schlachten in Israel. Das ist eben der Fluch der bösen Tat, dass ausgerechnet eine deutsche Kanzlerin mit den offenen Grenzen 2015 die größten Feinde Israels unkontrolliert in unser Land ließ. Und daher werde ich den Eindruck nicht los, dass es sich bei der opportunistischen Neigungsgruppe der deutschen Altparteien um waschechte Heuchler handelt, deren Kampf gegen Antisemitismus mehr ökonomische Gründe als ideelle Basis hat. Herr Scholz! Wussten Sie es nicht oder wollten Sie es nicht wissen, dass der Antisemitismus auch religiös bedingt ist? Wussten Sie nicht, dass sich Antisemitismus auch hinter der Fassade der sozialistischen Israelkritik versteckt? Nun stehen wir da. Blicken fassungslos nach Israel, sehen, wie sich die Schläfer vor unserer eigenen Haustür auftun, betrauern das Steuergeld, das die Hamas bekommen hat. Regieren heißt, vorausschauend auf der Höhe der Zeit Gefahren für das eigene Volk abzuwenden. Weder agiert die Ampel vorausschauend, noch hat sie die Gefahren vom eigenen Volk abgewendet. Aber vielleicht erklären Ihnen ihre Vorgesetzten in Washington, dass sich Deutschland wieder einmal auf dem Holzweg befand. Die Geschichte ist eben eine Tochter der Zeit, sagte schon das berühmte Orakel.

Das historisch schlechteste Ergebnis in der Geschichte der Christlich-Sozialen noch unterboten. Und sie jubeln, sie feiern. Während Stoibers CSU noch locker 60 Prozent der Bayern auf und hinter sich vereinen konnte, stehen heute 63 Prozent der Wähler in direkter Konfrontation, in Ablehnung, zu einem Ministerpräsidentendarsteller, der das ganze schwarze Erbe in Bayern binnen weniger Jahre endgültig durchgebracht hat. Söder wurde auf das Söderlein gestutzt, kastriert, seine bröckelnde Macht sichert er sich mit den Speichelleckern und Mehrheitsbeschaffern von den Freien Wählern. Und er jubelt. Ist es Schizophrenie, sich daran zu erfreuen, dass einem der Wähler die Grenzen aufgezeigt hat? „Wir werden die AfD verhindern, so wahr mir Gott helfe", tönte der fränkische Maulheld. Gott hat ihm nicht geholfen. Warum auch? Gott bestraft die Heuchler, die Opportunisten, die Lügner. Die AfD ist stärkste Oppositionskraft in Bayern geworden, hat den höchsten Wählerzuwachs unter allen Parteien. Was hätte Franz Josef Strauß gesagt, getan? Er hätte Söder einen Tritt in den Allerwertesten verpasst, ihn hochkantig vom Thron gestoßen und der AfD gratuliert. Was hat Seehofer gesagt? Söder ist charakterlich nicht in der Lage, Ministerpräsident zu sein. Der Wähler sah es ähnlich, fast ident. Und dennoch wird er weitermachen wie bisher, jubelt über den Misserfolg, sonnt sich wie der Kaiser ohne Kleider im Scheinwerferlicht, und die Claqueure und übrig gebliebenen schwarzen Jubelperser applaudieren ihm. Söder ist nun eine *Lame duck*, ein Amtsinhaber auf Abruf. Denn sich im Glanz seiner Arroganz feiern zu lassen, überheblich durch das Land zu ziehen und den Grundstein dafür zu legen, dass er mit seinem Zwilling Merz den Rest der einst konservativen und bürgerlichen Partei begräbt, hat schon etwas Vorsätzliches. Die Brandmauer wurde eingerissen – vom Wähler. Die Diffamierung klappt nicht mehr, die Verleumdung hat ausgedient, die Nazikeule ist abgenutzt. Demokratisch ist, wer demokratisch vom Volk gewählt wird. Faschistisch hingegen ist, wessen Meinung vom System diffamiert wird. So einfach ist es, und so einfach haben es die Bayern gesehen.

Lieber Jörg!
Vor 15 Jahren konnten wir es nicht fassen. Uns hat es das Herz zerrissen, eine tiefe Wunde klaffte in unseren Seelen. Noch so jung, noch so aktiv wurdest du aus dem irdischen Leben gerissen. Die Wunden sind verheilt, die Narben schmerzen dennoch hin und wieder, und Sie erinnern uns täglich an die gemeinsamen Zeiten mit dir. Heute, 15 Jahre später, sehen wir klarer. Die Tränen sind getrocknet. Dein Vermächtnis ist sichtbar, ist historisch unbestritten. Ob Freund oder einstiger Feind, sie alle eint eine Überzeugung: Du hast dieses Land nachhaltig verändert, du hast Europa verändert, du warst ein Gigant dieser Republik. Wenn heute 15-Jährige, die im Jahr deines Todes oder erst danach auf die Welt kamen, auf TikTok millionenfach deine Redeausschnitte zum Bankensystem, zu Russland, zur Abgehobenheit des politischen Systems, zur EU teilen, beweist das, wie zeitlos deine Gedanken waren. Es zeigt, dass sich nach wie vor Millionen von Menschen im deutschsprachigen Raum nach deiner Art der Hinwendung zu den Bürgern regelrecht sehnen. Soziale Intelligenz, Empathie, eine wahre Liebe zu den Bürgern, ein brillanter Geist, eine sagenhafte Rhetorik, klare Visionen, Unabhängigkeit – all das fehlt heute. Hinter dir tat sich zweifelsohne ein Vakuum auf. Du, der Verfassungsjurist, der nicht nur oberflächlich poltern konnte, sondern in die Tiefe, an die Wurzel der Probleme ging. Du, der charismatische und zutiefst empathische Menschenfischer, der die Lebensgeschichte jedes einzelnen Bürgers aufsaugte und half. Du hattest Humor, Mut zur Selbstironie. Humor setzt Intelligenz voraus, die hattest du in Fülle. Deine Auftritte waren funkelnd, im Privaten warst du hingegen bescheiden. Heute gibt es in Österreich ein Kindergeld – wegen dir. Heute gibt es keine Diskriminierung mehr zwischen Arbeitern und Angestellten – wegen dir. Heute gibt es in Österreich Privatsender abseits des ORF-Meinungsmonopols – wegen dir. Heute herrscht in diesem Land im Gegensatz zu manch anderem Nachbarstaat Meinungsfreiheit abseits des rot-schwarzen Meinungsmonopols – wegen dir. Du hast den Mief des Nachkriegsösterreich durchbrochen, du hast dem Land tatsächlich ein Stück Freiheit gegeben. Du hast eine

unbequeme Wahrheit gesprochen, den Menschen wohltuend die Augen geöffnet. Und das nachhaltig. Ideologisch warst du nicht fassbar. Sozialpolitisch brauchtest du keine linke Solidarität, Barmherzigkeit genügte. Recht und Ordnung, der Wert der Heimat, die Identität deines Landes waren unverrückbare Grundpfeiler deiner Thesen und Forderungen. Du warst tief verwurzelt in deinem Land, und tief verwurzelt ist die Zuneigung deiner Landesleute dir gegenüber 15 Jahre nach deinem Tod. „Unvergessen lebt im Volke, wer des Volkes nie vergaß", schrieb Anastasius Grün und widmete es Erzherzog Johann. Diese Zitat gilt dir mehr denn je!

12. OKTOBER 2023

Lieber Michael Ludwig!
Trotz Verbotes protestieren inmitten der einst österreichischen Bundeshauptstadt Wien die Terrorversteher und Hamas-Freunde. Die Bilder gehen um die Welt. Sie dokumentieren den kompletten Kontrollverlust eines einstigen Rechtsstaates, in dem das Recht nicht mehr vom Volk, sondern von den „Allahu-akbar"-Rufern ausgeht. Die Polizei sieht zu, kapituliert. Das Recht wird nicht mehr durchgesetzt, sondern man ist aus Bequemlichkeit und Angst vor unschönen Bildern selbst gegenüber Antisemiten und Israelhassern tolerant. Es bleibt einem auch nichts anderes übrig, sonst steht Wien in Flammen. Denn, mein Großmufti Ludwig, nicht Sie oder die Wiener oder Ihre Sozis bestimmen über Wiener Stadtviertel, sondern die Mehrheit jener, die Sie und Ihre Ideologie seit 2015 ins Land geschleppt haben. Vergesst doch den Brunnenmarkt, wenn man am Stephansplatz der ganzen Welt zeigen kann, wie sich Unterwanderung auf Demokratie, Gesellschaft, Moral, Außenpolitik und Innenpolitik auswirkt. Man könnte auch sagen: Endlich hat vor dem Stephansdom die Scharia Platz gegriffen. Al-Ludwig, es sind ihre Kinder, es ist das Ergebnis des Wiener Weges, es ist die Summe sozialistischer Migrationspolitik, die Sie mit den GrünInnen und den scheinkonservativen Schwarzen vollzogen haben. Es ist die Politik der offenen Grenzen. Und nun rächt sich der sozialistische Traum von der Multikultigesellschaft. Ein Treppenwitz, dass sie damit den vermeintlichen österrei-

chischen Nationalismus, den wahren Patriotismus tilgen wollten und nun islamistische Nationalisten das Sagen haben. Gratuliere, Herr Ludwig. Sie, Ihre Glückskinder, diese Zustände sind eine Schande. Und Ihre Sonntagsreden vom Kampf gegen den Antisemitismus reine Heuchelei. Wer Antisemiten importiert, braucht sich über den Terror eben nicht zu wundern! Ich dachte, Sie hätten seit dem Terroranschlag von Wien gelernt. Mitnichten, denn der Sinn für Realität ist eben schwächer als die vertrottelte Ideologie. Gell?!

26. OKTOBER 2023

„Wo stehst Du?", lautet die oft gestellte Frage, auf welcher Seite ich angesichts der vielfältigen Konflikte weltweit denn stehe. Meine Antwort ist immer dieselbe: bedingungslos an der Seite Österreichs. Denn Österreich ist meine Heimat. Hier bin ich geboren, hier bin ich aufgewachsen, hier lebe ich. Auf diese Republik habe ich als junger Wehrdiener und später als Parlamentarier einen Eid geschworen. Hier wurde ich sozialisiert, die Kultur und die Traditionen sind meine. Dieses unser Österreich verkörpert meine Identität. Und die vielen Österreicher, die hier leben, sind durch die sprachlichen, kulturellen und historischen Fäden miteinander verbunden. Ich lebe in diesem Land, mit diesem Land, und das Land lebt in mir. Wahrer Patriotismus lässt sich in einem wunderbaren Satz des Schweizer Dichters Gottfried Keller beschreiben: „Achte jedes Mannes Vaterland, aber das deinige liebe!" Und so liebe ich dieses Österreich, diesen Flecken wunderbarer Erde inmitten Europas. Am heutigen Nationalfeiertag gilt es aber nicht nur, die Liebe zum eigenen Land zum Ausdruck zu bringen, sondern viel eher darum, die Gefahren für unsere Nation, für unsere Gesellschaft klar und deutlich auszusprechen. Aus den Wirren der Weltkriege haben wir uns entschieden, die Neutralität Österreichs unverbrüchlich zu leben. Alle Verantwortungsträger des Landes haben einen Schwur auf die Verfassung abgelegt. In dieser Verfassung ist die Neutralität verankert als Grundbaustein des modernen Österreich. Wenn quer durch dieses neutrale Land unter Duldung der Regierung Waffen in Kriegsgebiete transportiert werden, wenn sich die Regierung an den Hals von Kriegsparteien wirft, Steuergeld Kriegsparteien oder Terroristen zur Verfügung stellt, ist das ein Verrat an diesem Grundsatz der Neutralität. Wenn Regierungen und Parteien die letzten Jahrzehnte gegen den Widerstand der Bevölkerung unser Land mit religiös motivierten und extremistisch politisierten, aggressiv sozialisierten Subjekten unterwandert haben, die nun ihrerseits ganz ungeniert und öffentlich die Werte unseres Landes in Frage stellen, uns den Frieden rauben, uns in Konflikte ziehen, dann hat diese Regierung den Eid auf unser Land mit Füßen getreten. Kriege gab es immer, Kriege wird es leider immer geben. Wir Österreicher haben aus zwei fürchterlichen Weltkriegen gelernt, auf den Gräbern der Toten einen Schwur des Friedens geleistet. Immerwährende Neutralität bedeutet immerwährenden Frieden. Immerwährende Neutralität verbietet uns nicht, sicherheitspolitische, geopolitische, wirtschaftspolitische und außenpolitische Interessen zu vertreten. Ganz im Gegenteil, die Neutralität zwingt uns dazu, international ausschließlich österreichische Interessen zu vertreten. Wir sind dazu verpflichtet, ausschließlich die Interessen der Österreicherinnen und Österreicher zu vertreten. Die Neutralität verbietet uns, der Lakai, der willfährige Befehlsempfänger anderer Nationen oder Institutionen zu sein. Wir sind nicht die Marionetten von Washington oder Moskau, wir sind nicht die nützlichen Idioten von Brüssel oder Berlin. Ganz anders sieht es die Regierung. Aus eigener Schwäche, politischer wie intellektueller Schwäche, neigt die Staats- wie Regierungsspitze dazu, sich immer einen großen Bruder, einen vermeintlichen Beschützer zu suchen, sich diesem feig und klein zu unterwerfen. Das ist das Gegenteil von Neutralität. Neutralität bedeutet, dieses Land zu schützen vor den Interessen anderer, vor den Konflikten anderer, vor der Aggression anderer, vor der Unfähigkeit anderer, unsere Werte zu respektieren. Unsere Verfassung dient den Menschen, nicht der Regierung, um gegen die Menschen zu agieren. Das haben wir die letzten Jahre viel zu oft erlebt, dass ausgerechnet die Regierung, die Parteien unsere Gesetze dazu missbrauchten, um die Werte und damit die Identität auf vielen Ebenen des Landes zu zerstören. Wir müssen dagegenhalten, wir als Bürger müssen unsere Verfassung, unsere Gesetze, unsere Heimat und damit unsere Neutralität vor jenen schützen, die ihre Funktionen nur zum Selbstzweck haben. Wir können doch stolz sein, wir sind doch stark. Die Österreicherinnen und Österreicher machen dieses Land stark und lassen uns auch schwierige Zeiten überstehen. Jene, die täglich ihrer Aufgabe im Beruf, in der Familie, in Vereinen nachkommen. Jene, die dieses Österreich weiter bauen, weil sie sich ehrenamtlich der Allgemeinheit zur Verfügung stellen. Jene, die uns täglich schützen, uns retten, uns pflegen, die für Recht und Ordnung und die Wahrung der Werte einer offenen Gesellschaft sorgen. Denen haben wir am heutigen Tage zu danken. Denn ohne sie wäre Österreich ein leerer Landstrich. Und diesen sagen ich heute einmal mehr, wo ich stehe: bedingungslos an der Seite Österreichs, wie Millionen weiterer Landsleute. Ich wünsche einen schönen und stolzen Nationalfeiertag!

27. OKTOBER 2023

Na, Herr Grönemeyer? Wo sind Sie denn? Na, Herr Lindenberg? Man hört von Ihnen nichts! Wo sind die gesellschaftlich bewegten, allseits paraten Gutmenschen, die staatlich geförderten A- bis Z-Promis, die doch ihr hauptberufliches Leben im Grölen und ihren Nebenberuf im antifaschistischen Kampf sehen? Wo sind denn die medialen Fußabstreifer, die irgendwo zwischen RTL und OnlyFans die Menschheit mit ihrer Oberflächlichkeit nerven? Wo sind die grellen Klischeegestalten der neuen *woken* Werte, wie Olivia Jones und Veuve Noire, wo sind denn die ganzen Gestalten, die sich als lustige TV-Sternchen verkleiden, aber in Wahrheit gesteuerte Aktivisten des Gutmenschentums sind? Wo sind denn die ganzen versoffenen Koksnasen, die auf den Brettern der Bühnen der Welt gegen rechts brettern und nun ihr verlogenes Maul halten, wenn der Antisemitismus ausgerechnet von jenen kommt, die sie damals mit ihren krächzenden Untergangsmelodien und den dazugehörigen Teddybären frenetisch empfangen haben? Wo sind denn die aufrechten, wackeren, tapferen Demokratieverteidiger, die in ihren Sonntagsreden den solidarischen Beitrag im Verteufeln demokratischer Parteien sehen, aber dann, wenn es darauf ankommt, sich feige verleugnen lassen? Wo ist denn der Held Campino, der die Kritiker des nunmehr sichtbaren Wahnsinns von der Bühne herab noch als Idioten diffamierte? Ja, wo sind denn die ganzen Helden? 1200 tote Israelis lassen sie schweigen, der Terror der Hamas lockt sie vor kein Mikrofon. Der offen zur Schau gestellte Antisemitismus schert sie nicht. Denn er kommt offenbar von falscher Seite. Ja, mit seinen antisemitischen Freunden will man sich nicht anlegen. Auf dem linken Auge sind die Damen und Herren – und alles, was dazwischenliegt – blind. Der Standort bestimmt eben den Standpunkt. Der linke Standort lässt einen den linken Antisemitismus tolerieren. Herr Grölemeyer und Co.! Wissen Sie, was das ist? Heuchelei! Opportunismus! Und es zeigt der Welt, dass all ihre bisherigen Worte, Texte, Auftritte von Lug und Trug getragen waren. In Wahrheit geht es Ihnen um das Geld, nicht um Werte. In Wahrheit geht es Ihnen darum, es sich nicht mit der *Fanbase* zu verscherzen, nicht um Menschlichkeit und Moral. Denn: „Erst kommt das Fressen, dann kommt die Moral!“ Wahre Worte eines Linken.

5. NOVEMBER 2023

Greta war ihre Heldin, ebenso Rukola Rakete, auch Angela liebten sie. Wahlweise huldigten sie der Klimawandelgöttin aus Schweden oder der Schutzmantelmadonna der Schlepperei aus Deutschland. Zumindest waren sie toleranzbesoffene Gutmenschen und standen 2015 an den Bahnhöfen, bewaffnet mit Teddybären. Ihr wahres Ziel war die Vernichtung der Nationen, das Brechen des Patriotismus, denn dies sei die Ursache alles Bösen. Dafür brauchten sie die Unterwanderung, die Angela uns schenkte. Und weil ihnen die Freiheit der Menschen ein Dorn im Auge war, waren sie auch Anhänger der Ökosekte. Später waren sie für Lockdowns und für die Impfpflicht, aber zumindest wieder gegen die Freiheit der Menschen. Sie verteidigten die politische Korrektheit – nein, sie haben sie erfunden. Sie gaben sich intellektuell, erhaben über das Volk. Die Meinungsfreiheit haben sie bekämpft, nur ihre Meinung zählte. Sie saßen in den Regierungen, in den NGOs, in den Redaktionen, in den TV-Studios, bespielten die Bühnen, sangen und krächzten, beschenkten sich gegenseitig mit Preisen. Es war ja schick, ein Linker zu sein. Die ganzen Konzerte gegen rechts, diese ständige künstliche Erregung, dieses noble Eintreten für das einzig wahre Gute. Und dann die vielen Charity-Veranstaltungen, wo man unter sich war, die antikapitalistischen, daher veganen Buffets leerräumte. Und nun entlarven sie sich ein weiteres Mal. Sie halten entweder ihr feiges Maul, wenn der Antisemitismus um sich greift, Horden von gewaltbereiten Menschen inmitten von Deutschland das Kalifat ausrufen, oder sie sind mittendrin statt nur dabei. Genau diese Neigungsgruppe führt uns seit Jahren in den Untergang. Die ganzen Guten stehen wieder einmal auf der Seite der Bösen. Sie enttarnen sich nun, sie zeigen ihr wahres Gesicht. Denn die Linken sind gegen die Freiheit, gegen die Sicherheit, gegen Recht und Ordnung, gegen die Identität, gegen die Heimat, also gegen uns! Eine Erkenntnis, die uns viel gekostet hat.

6. NOVEMBER 2023

Lieber Herr Benko,
ich kenne Sie nur aus der Ferne. Denn ich gehöre nicht zu jener Spezies gescheiterter Altpolitiker, die sich in der eigenen ökonomischen Unfähigkeit und Unfreiheit einem Milliardär an den Hals werfen müssen, um ein paar Brotkrümel abzubekommen. Wie die Motten zum Licht drängten sich die Schmeichler an Ihre Seite. Alle standen Ihnen zu Diensten, alle hofierten Sie. Die Kanzler, die Präsidenten, die Minister, die Abgeordneten, die Altkanzler, die Altvizekanzler, die Klubobleute und das gesamte Gesocks längst vergangener Zeiten. Davon gibt es in Österreich genug. Teils sogar verurteilte Zivilversager, die glauben, sich mit dem einen oder anderen eingefädelten Immobiliendeal über Wasser zu halten. Jeder wollte bei Ihren Festen sein, jeder wollte auf Ihrer Yacht urlauben, jeder wollte Ihre Handynummer, jeder wollte eben in der Bling-Bling-Welt dabei sein. Eine Legion von Parvenüs begleitete Ihren Weg, und diese zeigten sich willfährig. Die unerträgliche Verquickung Ihrer wirtschaftlichen Leistung mit allzu entgegenkommenden Kaufpolitikern ist Ihnen wirklich anzulasten. Das sollte auch aufgeklärt werden. Nun bröckelt das Reich des Reichen.

Ich halte Sie ja für einen ausgefuchsten, abgedrehten Hund, wie man volkstümlich so schön sagt. Aus dem Nichts haben Sie ein Immobilienimperium geschaffen. Der Chrysler-Turm in New York, das Hotel Bauer in Venedig, das Park Hyatt in Wien zeugen von Ihrem Schaffen. Nun stehen Sie vor den wirtschaftlichen Trümmern. Weil die gestiegenen Kreditzinsen das Kartenhaus zusammenbrechen lassen. Weil die gestiegenen Baupreise die Imageprojekte nicht mehr finanzierbar erscheinen lassen. Weil die Immobilienpreise an sich in den Keller rutschen. Die Kleinen im Lande spüren es schon lange, jetzt trifft es eben die Großen. Und jene, die Sie, Herr Benko, die letzten Jahre durchgefüttert haben, wenden sich nun betreten ab. Das ist die wahre Tragödie, jene, die man seit Jahrtausenden kennt. Wenn's gut geht, sind alle dabei, profitieren. Wenn's schlecht geht, wenden sich alle ab, waren nie dabei. Eine Weisheit, die Sie im schlechtesten Fall ein Immobilienimperium im Wert von 20 Milliarden Euro kostet. Aber aus Schaden wird man klug. Ich wünsche Ihnen, dass Sie Ihre Unternehmen retten können. Warum? Weil ich erfolgreichen Menschen nichts neide. Weil ich weiß, dass eine drohende Pleite zuerst die Banken auffangen und dann wir Steuerzahler zur Kasse gebeten werden. Weil ich weiß, dass Zigtausende Arbeitsplätze in der Baubranche mit Ihrem Fall vakant werden. Weil es für unseren Wirtschaftsstandort einfach nicht gut ist, wenn ein großer *Player* den Bach hinuntergeht. Daher ist es nicht von Vorteil, wenn Sie scheitern. Unabhängig davon, ob man Sie und Ihre Verbindungen mag oder nicht!

7. NOVEMBER 2023

Sie hockt in Berlin in ihrer Wohnung, die blutige Raute des Grauens im Schoß. Sie zählt ihre Kanzlerpension und sieht aus ihrem Fenster genüsslich auf das Ergebnis ihres ach so toleranzbesoffenen Werkes. Angela Merkel, Schutzmantelmadonna der Schlepperei, Hohepriesterin des Einzelfalles und der Unterwanderung sowie neuerdings auch die mit Orden behangene Urmutter des neuen Antisemitismus in Deutschland. Ihre Glückskinder, die von ihr in Millionenstärke empfangenen Schläfer des Dschihad, sind erwacht, haben das Armenmäntelchen der Schutzsuchenden abgestreift und zeigen auf Deutschlands Straßen und Plätzen, wer die wahren Herren dieses neuen Deutschland sind. „Allahu akbar“, tönt es an allen Ecken, „Tod den Israelis“ wird frenetisch gebrüllt, jüdische Geschäfte werden beschmiert, Synagogen werden überfallen, aufgesprayte Davidsterne finden sich auf Hauseingängen. Sie wollte doch nur die unschönen Szenen an den Grenzen verhindern, verteidigt sich die Alte, die bald ihre Burka mit dem bayerischen Verdienstorden am hohlen Kopf schmücken kann. Und hat nun die unschönen Szenen inmitten der Plätze einer einstigen Zivilisation. Sie wollte die Polizei an den Grenzen abziehen und braucht nun zum Schutz von Bürgern an jedem Hauseck einen Wasserwerfer. Sie wollte doch nur dem deutschen Rechtsstaat aus historischen Gründen ein humanes Antlitz geben, und das neue, verhüllte, radikalisierte, mit Schaum vor dem Mund agierende deutsche Volk pfeift auf den Rechtsstaat und sinnigerweise auf die Humanität. Nein, das kennen die nicht, die Kinder Merkels. Und jene, die dieses Ende europäischer Zivilisation prophezeiten, wurden von einer Phalanx aus Medien und Politik als Nazis diffamiert. Wie sagte Karl Lagerfeld: „Man kann nicht Millionen von Juden töten und dann ihre größten Feinde ins Land holen.“ Angela konnte es – und wird nicht zur Rechenschaft gezogen.

11. NOVEMBER 2023

Jahrelang wurde sie hofiert, von den Mächtigen der Welt als Apostelin der Weltbefreiung von dem Klimawandelmonster auf dem Schild getragen. Arnold Schwarzenegger empfing sie, der Papst ebenso, der Nobelpreis wurde ihr angetragen, die Ehrendoktorwürden unzähliger Universitäten der Aspergerapokalypse in Aussicht gestellt. Wie einst das biblische Kalb wurde sie verehrt, als Heilsbringerin einer neuen Lehre. Und nun? Nun bricht das Kartenhaus zusammen. Denn die kleine Göre entpuppt sich als üble Antisemitin, der 1200 unschuldig ermordete Israelis egal sind, aber die armen Islamisten nun ungeteilte Liebe wert. Außenpolitisch ist die Kleine auf einem Irrweg, das ist Fakt. All jene, die sie heiß verehrten, distanzieren sich von ihr. Selbst ihr politischer Arm, die GrünInnen, gehen zu ihrer besten Wahlkampfhelferin auf Distanz.

22. NOVEMBER 2023

48 mehrheitlich muslimisch regierte Länder, darunter absolutistische Monarchien, Diktaturen, Gottesstaaten, Scheindemokratien, nehmen Flüchtlinge aus Gaza nicht auf. Sie scheuen sich davor wie der Teufel vor dem Weihwasser. Oder, anders gesagt: wie die 72 Jungfrauen vor der Zwangsbeglückung durch Hamas-Märtyrer. Sie, also die 48 Staaten, argumentieren damit, dass sie sich einer Terrorgefahr aussetzten, wenn sie, welch Überraschung, Palästinenser aufnähmen. Ägypten als Nachbarstaat des Gazastreifens lehnt eine Einreise von Palästinensern ab, wenn nicht absolut sichergestellt ist, dass diese umgehend weiterreisen. Nach Europa! 48 muslimisch regierte Länder, darunter die Vereinigten Arabischen Emirate, Oman, Katar, Dubai, Saudi-Arabien, Bahrain, Brunei, Kuwait, Jordanien, also Länder mit tausenden VIP-Kliniken unter anderem für Schönheitsoperationen, Haarverpflanzungen, Organtransplantationen betuchter Kunden aus dem Westen, lehnen die Behandlung palästinensischer Kinder aus den Gaza-Kliniken, unter denen sich feige Terroristen verstecken, *a priori* ab. Nein, die Marmortempel der arabischen Welt mit Millionen von teils vergoldeten Spitalsbetten, finanziert nicht durch mühsam abgesparte Sozialversicherungsbeiträge, sondern durch sprudelnde Ölquellen, sollen den eigenen, bedrängten, dem Krieg ausgesetzten Glaubensbrüdern nicht offenstehen. Jordanien nimmt keinen einzigen auf, wie auch Bahrain, Brunei, Dubai und der Rest dieses von purem Humanismus und Nächstenliebe durchdrungenen und strotzenden Konglomerats bedenklicher Nationen, welches die Größe eines gesamten Kontinentes erreicht. Nein, die nehmen niemanden. Die wollen niemanden. Sie führen nur das große Wort, hetzen und mimen verlogen die Schutzmacht der Muslime. Heuchler eben. Sie vertrauen nämlich auf die wiederkehrende Dummheit Europas. Denn Deutschland unter Frau Baerbock will selbstverständlich Flüchtlinge aus Gaza aufnehmen. Als wären die Plätze Berlins mit Hamas-Fahnen noch nicht genug. Der rote Bürgermeis-

ter aus Wien will Kinder Tausende Kilometer um den Globus zerren, um sie im kaputten Wiener Gesundheitssystem zu versorgen. Großmütig, wie er ist. Und mit den Kindern kommen die Eltern. Das sagt er nicht, der Vertreter der Hamasverstehenden Genossen. Ja, wenn auf eines Verlass ist, dann auf die Selbstzerstörungskraft Europas. Und darauf spekuliert der Nahe Osten. Denn der nützliche Idiot sitzt immer in Europa. Das ist sein Stammplatz.

25. NOVEMBER 2023

60 Milliarden Euro fehlen der deutschen Bundesregierung. Das kann schon vorkommen, dass man sich gleich um 60 Milliarden Euro verrechnet. Und viel wahrscheinlicher ist es, wenn ein gelernter Philosoph als Finanzminister das Budget erstellt, ein Kinderbuchautor als Wirtschaftsminister es abwinkt und ein zwangsdementer Kanzler es präsentiert. Tick, Trick und Track der Vodooökonomie haben zugeschlagen. Wenn man seine gesamte politische Erfahrung irgendwo zwischen den Austernfarmen auf Sylt, den Diätseminaren mit Ricarda Lang und den Cum-Ex-Terminen gesammelt hat, verrechnet man sich eben mit Muscheln und Kalorien, oder man vergisst einfach die Zahlen. Und selbst die 60 Milliarden Euro, die man nun nicht mehr findet, waren geliehen. Waren Schulden. Betriebswirte sucht man auf der deutschen Regierungsbank vergeblich. Auch Verfassungsjuristen sind in der Berliner Hampel-Ampel eine mit der Lupe zu suchende Minderheit. Überhaupt sind wahre Verantwortungsträger eine Rarität. Und daher ist es auch eben kein Wunder, wenn der abgefeierte Klimafonds der GrünInnen sich in Luft, also im politisch CO_2-neutralen Fegefeuer der Karlsruher Richter auflöst und demnächst die Strompreis- und Energiebremse den Rhein hinunterschwimmt. Wenn budgetpolitische Beschlüsse einer vollkommen handlungsunfähigen, geistlosen, hirnlosen, visionslosen, vernunftlosen Regierung den Wert einer Rolle Klopapier kaum überschreiten, wird es erst richtig laut werden, wenn Wirtschaft und Industrie die bisher ausgezahlten Förderungen in den Berliner Schuldenturm zurückzahlen müssen. Und das Jaulen der Menschen wird unüberhörbar, wenn die Milliarden Steuergelder der Regierung

die hinweggaloppierenden Strom- und Heizpreise nicht mehr bremsen. Wenn Deutschland dank des Wirtschaftskrieges gegen Russland den direkten Weg in die soziale Hölle der Armut, der Deindustrialisierung geht. Führende Wirtschaftslobbyisten warnten übrigens unlängst, dass Deutschlands Wirtschaftsstandort durch einen Erfolg der AfD gefährdet wäre. Die wahren Gefährder seid ihr selbst. Ihr ruiniert Deutschland, ihr ruiniert die Haushalte, die Arbeitsplätze, die Wirtschaft, die Industrie. Ihr, niemand anderes!

2. DEZEMBER 2023

Wenn's im Dezember schneit, ist der Winter net weit. Europa versinkt im Schneechaos. Und niemand war darauf vorbereitet. Wer konnte auch ahnen, dass es im Dezember schneit? Wo uns doch die Klimawandelhysteriker auf den wärmsten Winter seit vier Millionen Jahren vorbereitet haben. Wo uns doch der wärmste Herbst seit 4000 Jahren noch unlängst auf der Sonnenbank geröstet hat. Es schneit, also ist es kalt. Also ist es Winter. Aber darf es denn den Winter überhaupt geben? Ist das in Zeiten wie diesen, wo täglich der Weltuntergang gepredigt wird, politisch korrekt? Wo doch die Eliten der Welt in der vollklimatisierten Wüste bei den Mullahs wenig klimaneutral 50.000 Tonnen CO_2 in die Atmosphäre blasen. Nachdem Zigtausende Teilnehmer aus aller Herren und Damen Ländern mit dem Privatjet nach Dubai flogen und Hunderte Millionen von Dollar verfliegen, verfahren und verfressen. Ja, in der Wüste ist für Kühe nix Happihappi, nix Gras, nur Bart des Propheten. Den darf man nicht knabbern. Deswegen muss Rindfleisch auch eingeflogen werden. Wie das Wasser. Wie der Schampus, wie der Kaviar, der Weizen für Brot. Wie alles, was im „klimaneutralen" Dubai geboten wird. Und auch Schnee gibt's in Dubai. Da treffen sich also in Dubai die Heuchler. Geht's ihnen ums Klima? Das Schauspiel verkaufen sie uns als Klimagipfel. Sie wollen die Industrie in ihren Ländern umbauen, meinen die angereisten Staats- und Regierungschefs. Das ist ihnen bereits gelungen. In Deutschland ist die Industrie kaputt, in Österreich bald ebenso. Die Staatshaushalte sind bankrott, die Milliarden fehlen, die Teuerung raubt uns den Wohlstand. Und der Klimawandel ist ein Geldwandel. Das Geld wandelt von den einst sozial abgesicherten Bürgern in die maroden Staatshaushalte, die damit auf Pump Windräder bauen können, während die USA und China dank der Idioten Europas die Filetstücke der einst stolzen Industrie unter sich aufteilen. Auch eine Art des Wandels. Es sind halt dunkle Zeiten, wenn die Idioten wandeln. Diesmal nach Dubai. Während es zu Hause wenig klimawandelhysterisch schneit. In einem Winter wie damals.

3. DEZEMBER 2023

Die Weihnachtszeit ist endlich da. Für die identitätslosen *woken* Individuen nennt sich das auch Winterzeit. Und wie der Dezember beginnt, sind auch die Horrormeldungen über die Anschlagsgefahr auf Weihnachtsmärkten medial präsent. Ein 15-jähriges Glückskind wollte Ungläubige töten. Edris heißt das Goldstück, das uns mit seinen Feuerkünsten bereichern, unschuldige Bürger abbrennen wollte. Die Polizei in Nordrhein-Westfahlen nahm ihn fest. Eigentlich ist dies keine Zeitungsmeldung wert. Denn diese Vorgänge sind in Buntland weder einzigartig noch exklusiv. Sie sind allgegenwärtig. Jetzt haben wir eben die Intoleranten und Inhumanen im Land. Denn Merkel, Scholz, die GrünInnen, das Gesocks der Altparteien wollten vorgeblich alle Menschen vor Krieg, Gewalt und Terror schützen. Jetzt haben wir die Krieger, die Gewalttäter und Terroristen bei uns im Ort. Sie wollten doch nur gut sein und haben das Böse angezogen wie das Licht die Motten. Sie haben Unintegrierbares integrieren wollen, waren gegenüber Intoleranten tolerant und haben uns dabei abgeschafft. Jahrelang haben sie all jene, die das Erwachen der Schläfer prophezeiten, pauschal als Rassisten diffamiert, sie mit Verhetzungsparagrafen vor der weisungsgebundenen Justiz massakriert, sie unter Verfassungsschutzbeobachtung gestellt, mit der *Cancel Culture* neutralisiert. Sarrazin sei ein widerlicher Hetzer, Maaßen ein schwurbelnder Rassist, allesamt Antisemiten. Ein 15-Jähriger wollte uns abfackeln. Woher kam der Hinweis? Aus dem Ausland. Ausländische Dienste mussten Deutschland warnen. Weil Deutschlands Verfassungsschutz nicht mehr in der Lage ist, Deutschland zu schützen. Weil alle Hinweise der jüngeren Vergangenheit von ausländischen Diensten kamen. Viel wichtiger ist den deutschen Verfassungsschützern, die gescheiterte Regierung vor der demokratischen Kritik zu schützen. Wie einst in der DDR. Da hat der Geheimdienst auch nicht für Recht und Ordnung gesorgt, sondern Honecker beschützt. Und der deutsche Verfassungsschutz dient dazu, die Kritiker der Regierung und ihrer Politik zu verfolgen. Statt Attentate zu verhindern, Terroristen zu beobachten, beobachtet man oppositionelle Parteien, kritische Bürger. Weil der Verfassungsschutz missbraucht wird. Von Parteigängern infiltriert ist. Weil dieser Verfassungsschutz eben nicht unabhängig, sondern am Gängelband der Parteien geführt wird. Die Parteien fahren Deutschland an die Wand, und mit ihnen der willfährige, blinde Verfassungsschutz.

5. DEZEMBER 2023

Der mächtige Münchener Kardinal Marx, nicht Karl, sondern Reinhard Beinhart, verkündet *ex cathedra*: AfD-Anhänger hätten in der Kirche nichts verloren. Ans Kreuz mit ihnen, mit diesen verfassungsfeindlichen Individuen. Oder noch besser: rauf auf den Scheiterhaufen. Endlich kann der gute Weißwurstbischof wieder exkommunizieren, seine Schäfchen in Gut und Böse teilen oder ins Feuer der ewigen Verdammnis werfen. Die Bösen, die vom wahren Glauben Abgefallenen sind die AfD-Wähler, die Guten nur jene, die händefaltend und goschenhaltend brav und treu ihr Kreuz an jener Stelle machen, die der gewichtige Erzbischof, ein wahrer christlicher Asket vor dem Herrn, für das Gottesvolk bestimmt, verkündet, von der Kanzel vorschreibt. Wer nicht Söder wählt, wer nicht Scholz wählt, wer nicht Baerbock wählt, wird in der ewigen Verdammnis der barock-bayerischen Hölle landen. Ein Münchener Erzbischof, der Wähler in der Kirche für vogelfrei erklärt? Ei ei ei, ist das mit christlichen Werten vereinbar? Nein! Ein Erzbischof, der sein Brustkreuz aus Feigheit abnimmt, weil er die religiösen Gefühle anderer nicht verletzten will. Ist das mit christlichem Mut vereinbar? Nein. Also haben wir es bei Kardinal Marx, nicht Karl, sondern Reinhard, dann doch eher mit einem Herzjesukommunisten zu tun, der sein christliches Amt für weltliche Parteipolitik missbraucht. Ein Amtsmissbraucher. Davon künden im Übrigen auch jene unzähligen fürs Leben traumatisierten Menschenkinder, denen der Herr Bischof nicht glaubte. Der Gläubige, der nicht glaubte, dass Gläubige durch seinesgleichen missbraucht wurden. Auch sehr christlich vom guten Kardinal. Also, Kinderschänder bewegten ihn nicht, tätig zu werden, verurteilend zu sein. AfD-Wähler hingegen schon. Jetzt, da ist er stark. Wenn es darum geht, 20 Prozent der Deutschen aus der Kirche zu werfen, ist er laut. „Gebt dem Kaiser, was des Kaisers ist, und Gott, was Gottes ist." Diesen biblischen Grundsatz der Trennung zwischen Staat und Religion dürfte der Teheraner Glaubenswächter Münchener Herkunft, Mullah Reinhard, nicht beherzigt haben. Aber für die AfD-Anhänger gibt es göttlichen Trost. Im Umkehrschluss zum Ausschluss aller AfD-Anhänger, -Funktionäre und -Wähler aus der Kirche und den kirchlichen Laienämtern sind sie folgerichtig von der Kirchensteuer befreit. Denn wo man nicht mitreden kann, braucht man auch keinen solidarischen Beitrag zu leisten. Oder? Und im nächsten Schritt können sie auch austreten. Denn wo man nicht gewünscht ist, braucht man nicht teilhaben. Kurz gedacht, Eminenz. Zu kurz, wie schon so oft. Denn bei der Verteilung von Herz und Hirn damals vor dem lieben Gott ist der Herr Kardinal sehr weit hinten gestanden.

8. DEZEMBER 2023

Wie war noch einmal der Plan? Russland wird binnen weniger Wochen in die Knie gezwungen? Putin wird gestürzt? Die russische Volkswirtschaft wackelt? Die ukrainische Armee wird Putins Soldaten zurückschlagen? Es ist bald zwei Jahre her, dass uns diese Durchhalteparolen, diese in Stein gemeißelten Prognosen in unserem Kampf gegen Russland bestärkten. Zwölf Sanktionspakete hat die Europäische Union unter Teilhabe aller Staats- und Regierungschefs gegen Russland beschlossen. Die Frontberichte der Korrespondenten des Boulevards und des Öffentlich-Rechtlichen schienen so verheißungsvoll. Mit Orden als Dank für ihre blinde Kriegspropaganda wurden sie behängt, die gekauften Propagandisten. Und auf Basis ihrer Meldungen, dieser Hoffnungsschimmer einer selbst erfüllenden Prophezeiung war der Bürger bereit, seinen Beitrag der Solidarität mit den armen Menschen in Kiew zu leisten. Viele warnten, vor lauter Emotion in der Solidarität nicht noch Selbstmord zu betreiben. Als Kollaborateure wurden die Kritiker eines Wirtschaftskrieges beschimpft, als Putins Huren aus den TV-Studios verbannt. Denn im Krieg, vor allem in einem Krieg, der jener der USA und Deutschlands ist, wird wie schon beim „Völkischen Beobachter" die Propaganda gleichgeschaltet. Ja, die Krieger von heute haben eben gelernt. Und wir lernen aus dem Ergebnis: Die deutsche Regierung ist am Ende. Die Strompreise so hoch wie nie. Die Industrie ist kaputt. Der Haushalt explodiert. Die Rezession schlägt zu. Das politische Establishment genießt kein Vertrauen mehr. Wie war noch einmal der Plan? Putin stürzen? Russland militärisch und wirtschaftlich besiegen? Naja, knapp daneben ist auch vorbei.

16. DEZEMBER 2023

Eine 84-jährige Frau wartet unter schrecklichen Schmerzen nach einem Oberschenkelhalsbruch Tage auf die notwendige Operation. In Wiens Spitälern stehen die Krankenbetten am Gang. Die Ambulanzen sind überfüllt. Notwendige Operationen können mangels Anästhesisten, Intensivpflegern und Chirurgen über Monate nicht durchgeführt werden. Spitalsmitarbeiter kündigen wegen Überlastung und schlechter Bezahlung. Dies sind keine Einzelfälle, das ist der drastische Alltag in Österreichs Gesundheitswesen. Jahrelang wurde durch rote und schwarze Gesundheitsreferenten in den Ländern aus „Effizienzgründen" der Sparstift angesetzt, wichtige Spitalsstandorte wurden geschlossen. Dafür bekam jede Gemeinde einen Kreisverkehr und die Steuergelddotierung eines Blumenschmuckwettbewerbes. Millionen von Österreichern spüren nun am eigenen Leib, wohin der Sparwahnsinn im Spitalswesen geführt hat. Landeshauptleute wie Drexler und Co. brüsteten sich noch damit, Spitalsbetten zu vernichten. Nun stehen wir vor den Scherben dieser idiotischen Gesundheitspolitik, betrauern eine Drei-Klassen-Medizin. Dabei geht es um nicht weniger als um unser Leben! Das ist der Politik egal.

23. DEZEMBER 2023

Voller Sehnsucht wartet Österreich auf das Jahr 2024. Nicht, weil die Wirtschaftslage so rosig wäre, nicht, weil sich ein Friede zwischen Russland und der Ukraine, ein Ende der Kämpfe in Gaza abzeichnete. Nein, die Gesamtwetterlage ist und bleibt trüb. Und dennoch blicken die Bürger voller Zuversicht ins neue Jahr. Denn es ist das Jahr der Abrechnung, des Denkzettels. Nicht einmal mehr 30 Prozent Zustimmung genießt die schleißigste Regierung in der Geschichte der Zweiten Republik. Wie ihre hirnlosen Abkömmlinge auf der Straße picken, kleben Nehammer und Kogler am Sessel der schwindenden Macht. Und mit der EU-Wahl im Juni und der Nationalratswahl im Spätsommer wird auch diese Ära des größtmöglichen Scheiterns endlich ihr wohlverdientes Ende finden. Die Regierung hat sich nicht als Teil der Lösung, sondern als das fleischgewordene Problem der Österreicher herausgestellt. Sei es die Korruption, die Inflation, die Rezession – die Regierung, insbesondere die zwei Regierungsparteien sind der Auslöser der um sich greifenden Depression. 2024 haben wir die Gelegenheit, uns von diesem politischen Mühlstein zu befreien, ÖVP und GrünInnen für das Geschehene abzustrafen. Gut so!

24. DEZEMBER 2023

Meine lieben Freunde!
Ein wahrlich intensives Jahr liegt bald hinter uns. Ich will das nahende Weihnachtsfest zum Anlass nehmen, um mich bei Euch aufrichtig zu bedanken. 52 Duelle Grosz vs. Bohrn Mena haben wir in diesem Jahr in Studiopräsenz gedreht, einen Zuseherrekord nach dem anderen verzeichnet. Auf YouTube wurden die Sendungen mehr als 15 Millionen Mal angesehen. Auf TikTok haben die Sendungsausschnitte unglaubliche 46 Millionen Aufrufe erreicht. Und als ob das nicht genug wäre, habe ich mehr als 200 Liveeinstiege zu aktuellen politischen Themen absolviert, 104 Kolumnen für die Mediengruppe Österreich geschrieben. Für den „Deutschland Kurier“ gingen 96 Videokolumnen ins Netz. 32 Reden habe ich allein bei meinen bayerischen Freunden gehalten, ich hatte Auftritte in Wien und auch in Tirol. Für verschiedenste Medien war ich in Rom, in

Budapest, in New York, in Berlin und vielen anderen europäischen Hauptstädten. 50.000 Autokilometer bin ich zu verschiedensten Terminen gefahren, Zigtausende Flugkilometer habe ich verflogen. Nicht zu vergessen: die volle Stadthalle in Wien im Mai, wo das Duell Grosz vs. Bohrn Mena vor ausverkauftem Haus erstmals vor Publikum aufgezeichnet wurde. All das wäre ohne Euch nicht möglich. Denn Euer Interesse an meinen Gedanken und Worten ist die Basis für mein Tun und Handeln. Daher gilt mein Dank Euch, Eurer Unterstützung, Eurem ungebrochenen Interesse. Ich danke für ein Jahr, in dem ich trotz dieser Aufgaben gesund blieb. Ich danke für ein Jahr, das spannender nicht hätte sein können. Auch das kommende Jahr wird herausfordernd. Die Europawahl, die Nationalratswahl, die Landtagswahl in der Steiermark – Ihr seht, es gibt genug zu kommentieren, die Arbeit wird nicht weniger. Nun steht Weihnachten vor der Tür. Das Fest der Liebe, das der Familie, der Freunde, der Geburt Christi. Ich wünsche Euch von Herzen wunderbare Stunden im Kreise Eurer Lieben. Ich wünsche Euch jene Faszination, die ich seit Kindheitstagen für Weihnachten habe. In der Krippe das Kind, das uns doch Erlöser geworden ist. Ich wünsche Euch von Herzen ein gesegnetes und friedvolles Weihnachtsfest. Ich wünsche Euch eine stille und gesegnete Heilige Nacht. Frohes Fest!

2024

1. JANUAR 2024

Was wollen wir? Inflation oder leistbares Leben? Kriminalität oder Einzelfall? Integration oder Unterwanderung? Krieg oder Frieden? Steuergeldmissbrauch oder Steuerverantwortung? Scheindemokratie oder wahre Selbstbestimmung? Autokratie oder tatsächliche Freiheit? Energiechaos oder Energiesicherheit? Korruption oder Moral? Lächerlichkeit oder Respekt? Chaos oder Vernunft? Ideologie oder Logik? Wirtschaftlichen Erfolg oder sozialen Niedergang? Das sind die Gretchenfragen, die Deutschland im Jahr 2024 beantworten muss. Und viele anständige Bürger, Bauern, Transportunternehmer, Handwerker, Kleinunternehmer, Beamte gehen nun auf die Straße und geben dem lächerlichen Elend an der Spitze des Staates, diesem jämmerlichen Sammelsurium von verantwortungslosen Versagern die richtige, die einzige Antwort. Bis dorthin und keinen Millimeter weiter lässt der kritische Bürger sich das eigene Land zerstören. Sie nehmen ihre Zukunft selbst in die Hand und protestieren gegen eine Regierung, die den sozialen Frieden zerstört, ganze Berufsgruppen vernichtet und Deutschland den wirtschaftlichen Niedergang, das soziale Elend beschert. Heute sind Millionen Menschen in vielen Städten Deutschlands erwacht, anständige, friedfertige Bürger, die nichts anderes wollen als die Demokratie und die Freiheit zurückzuholen. Das Jahr 2024 ist das Jahr der Wende. Es ist das Jahr, in dem sich der Bürger gegen die Vernichtung von Volksvermögen und Wirtschaft, gegen die Zerstörung von Stabilität und Sicherheit zur Wehr setzen wird. Es ist das Jahr, in dem der gute Michel nicht mehr der nützliche Idiot eines Systems und seiner Repräsentanten sein wird, die aus Vorsatz und Dummheit ein Land der internationalen Lächerlichkeit preisgeben. Sie setzen sich zur Wehr. Und was macht das System? Es zeigt keinerlei Schuldeingeständnis, es diffamiert den Bürger. Statt die eigenen Fehler zu erkennen, werden die nächsten in Deutschland als Rechtsextreme diffamiert und verleumdet. Zuerst waren es die Covidioten, jetzt sind es die Bauern, morgen die Unternehmer, dann die Familien. Deutschland im Jahr 2024 zeigt uns, wie eine abgehobene Elite sich mit letzter Kraft an der schwindenden Macht festkrallt. Nur Mut, denn der *Wind of Change* wird sie wegfegen. Ganz demokratisch, ganz friedlich!

4. JANUAR 2024

Das Demokratieverständnis der sogenannten Demokraten ist dann doch eigenartig, um nicht zu sagen: verlogen. Solange einem das prognostizierte Wahlergebnis passt, sind die Demokratie und der Parlamentarismus gut. Wenn einem das verheißene Ergebnis nicht passt, schreien die Demokraten nach der Justiz oder wollen den demokratischen Wettbewerb verbieten, die Herausforderer mithilfe der Justiz tilgen, schlicht putschen. Denn Demokratie ist nur erlaubt, solange der demokratische Entscheid den Mächtigen, den Bewahrern des Systems, den Etablierten passt. Nur wenn man selbst gewählt wird, ist Demokratie gut. Wenn einen der Wählerzorn trifft, gehören jene Parteien verboten, die als neue Hoffnung der Wähler gesehen werden. Wehe, man erlaubt sich in der Demokratie, frei und unabhängig zu entscheiden. Dann ist man ein böser Wähler. Wir sehen das in Deutschland. Solange man händefaltend, goschenhaltend, brav und treu wie ein Schlafschlaf zur Urne schreitet, die SPD, die CDU, die Linke, die GrünInnen oder die FDP wählt, ist man ein lupenreiner Demokrat, ist mit seinem Wahlrecht geduldet. Wenn man sich hingegen erlaubt, die AfD zu wählen, ist man ein Putschist, dem wahlweise entweder das Wahlrecht entzogen oder die gewählte Partei gleich verboten wird. In Amerika ist es nicht anders. Trump liegt zehn Prozent vor Biden. Trump ist nicht verurteilt. Dennoch finden sich politisch agierende Staatsanwälte, die trotz der Unschuldsvermutung den Kandidaten verbieten wollen. Denn Demokratie ist eben nur erlaubt, solange das erwartete Ergebnis einer Minderheit passt. Man nennt dieses Phänomen übrigens Scheindemokratie. Also gaukelt man den Bürgern vor, dass sie frei und unabhängig entscheiden könnten. Dem ist aber nicht so. Denn sobald Gefahr droht, heuchelt man den Abwehrkampf der Demokratie, indem man Andersdenkende als Undemokraten diffamiert. Liebe Leute, es geht nicht um die AfD, es geht nicht um Trump. Es geht um unser Wahlrecht. Wie es auch um unsere Meinungsfreiheit geht, die auch nur geduldet ist, solange die gefällige Meinung jener vertreten wird, die eine Erbpacht auf die Meinung besitzen, die darüber wachen, was aus ihrer subjektiven Sicht Gut und Böse ist. Auch hier handelt es sich um eine Scheinmeinungsfreiheit. Und so wandern wir von der Scheindemokratie in die Realitätsautokratie. Die Vorhölle des Faschismus, der Weg dahin gepflastert von jenen, die vorgeben, unsere Freiheit zu verteidigen.

5. JANUAR 2024

Habeck,
Sie laienhafter Wanderprediger, der doch besser Kinderbuchautor geblieben wäre und mit sonorer Stimme und seriös anmutendem Auftreten in aller Ruhe und Sachlichkeit breite Gruppen der Gesellschaft hinterhältig diffamiert, weil Sie höchstselbst, als Wirtschaftsminister das deutsche Insolvenzrecht nicht kennend, eindrucksvoll zulasten der Bürger gescheitert sind. Wie ein trauriges, unbefriedigtes, jemenitisches Klageweib betrauern Sie nun in den selbst gebastelten Telepromptervideos Ihrer grünen Spindoktoren jene Inflation, die durch den Wirtschaftskrieg Ihrer stotternden Außenministerin im Kampf gegen Nussland an der Fontlinie gegen die nussischen Kobolde geführt wurde. Es ist Ihre Ministerin, die eine 360-Grad-Wende geistig – vom eigenen Hirn 100.000 Kilometer entfernt – nicht mehr vollziehen kann, weil die eine übrig gebliebene Gehirnzelle bekanntlich nicht einmal mehr für Kommunikation reicht. Es ist Ihre Regierung, es ist Ihre Partei, die den Deutschen den Gashahn, die Atomkraftwerke abdrehte und nun zum vierfach höheren Preis die Energie von französischen Schrottreaktoren und das flüssige Blutgas aus islamistischen Staaten des Nahen Ostens erbetteln muss. Es sind die Landwirte, es sind die Kleinunternehmer, die nicht länger wirtschaften können, weil sie sich die von Ihnen verteuerten Energiepreise nicht mehr leisten können. Es ist Ihre Regierung, es ist Ihre Partei, es sind Sie, der den Deutschen den Verbrenner verbietet und Hunderttausende Arbeitsplätze vernichtet. Es ist Ihre Partei, es sind Sie als Oberhaupt der politischen Minimalisten und kompostierten Ökofaschisten, die

den Deutschen das Heizen verbieten. Es sind Sie, der den deutschen Wirtschaftsstandort deindustrialisiert. Und nun beklagen Sie sich über die Demonstranten, die den deutschen Staat zerstörten.

Habeck, niemand will den deutschen Staat zerstören. Die Menschen wollen ihn sich zurückholen. Die Menschen wollen diese Regierung der Dummheit, dieser allgemeinen Not in die Wüste schicken. Die Menschen wollen sich von Ihnen, Ihrer Visage, Ihren sinnlosen Sonntagspredigten, ihrem rhetorischen Opium befreien. Die Menschen sind aufgewacht. Und dieses Erwachen ist Ihr politischer Tod. Jetzt jammern Sie und fabulieren von Demokratiezersetzung, nur weil der deutsche Bürger nicht mehr der nützliche Idiot Ihres Scheiterns sein will. Niemandem wurde bei den Protesten ein Haar gekrümmt, trotzdem schreien Sie auf. Niemand wurde verletzt, trotzdem rufen Sie und Ihre Lakaien in Medien und Co. den Staatsnotstand aus. Bürger, Bauern, Unternehmer, Handwerker, Transportunternehmer, Angestellte, ja sogar Beamte gehen auf die Straße, weil sie ihr Land und den sozialen Frieden, die Wirtschaft und die Gesellschaft gegen die verantwortungslosen Nachtwächter in der Regierung verteidigen wollen. Und das ist gut so!

6. JANUAR 2024

Der Wähler hat immer recht. Dieser demokratische Grundsatz gilt in den Stunden sowohl des Erfolges als auch des Misserfolges für alle wahlwerbenden Gruppen innerhalb eines demokratischen Rechtsstaates. Wenn man nach vier Jahren andauernder politischer Debakel der schwarz-grünen Koalition in Österreich, dem Corona-Machtmissbrauch, der Inflation, der Rezession, den Korruptionsprozessen, der hohen Arbeitslosigkeit, der Klimahysterie, der Orientierungslosigkeit der Sozialdemokratie nun in der FPÖ und Herbert Kickl eine ernsthafte, regierungsfähige Alternative sieht, ist das von jedem Demokraten zu respektieren und am Ende zu akzeptieren. Die Umfragen zeigen seit Monaten, dass sowohl im Bund als auch bei der EU-Wahl und der steirischen Landtagswahl mit den Freiheitlichen als stärkster Kraft zu rechnen ist. Der Krug geht so oft zum Brunnen, bis er bricht. Und die Altparteien haben die Nerven der Österreicher zu oft strapaziert. Daher wird 2024 ein Jahr der blauen Wende werden. Daher sind alle in unserem Land gut beraten, sich dem Votum der Bürger nicht zu widersetzen. Willkommen in der demokratischen Realität des 21. Jahrhunderts.

15. JANUAR 2024

Dieser Tage jährt es sich zum 30. Mal, dass Österreicher für das Volksbegehren „Österreich zuerst“ von Jörg Haider und den Freiheitlichen im Rahmen der Eintragungswoche ihre Unterschrift leisten konnten. Seit ich 1993 Unterschriften für dieses Volksbegehren sammelte, vertrete ich den Standpunkt, dass eine friedliche und freiheitliche homogene Gesellschaft nur dann dauerhaft sicherzustellen ist, wenn wir die Unterwanderung unserer Gesellschaft durch kulturfremde, aggressive und invasive Individuen stoppen. Das Ziel des Volksbegehrens war der Schutz der Bevölkerung, die Bewahrung des säkularen Rechtsstaates und der Demokratie. Das Volksbegehren wollte dieser schleichenden Unterwanderung absoluten Einhalt gebieten. Nicht aus Gründen einer Ideologie, nicht aus Gründen einer Rassentheorie, sondern aus Gründen der Vernunft und aus Sorge um die vielfältige und zugleich tiefe Identität des Landes, um das Staatsgefüge und um unsere Zukunft.

Politische Verantwortungsträger haben über Jahrzehnte das Unintegrierbare integrieren wollen, waren gegenüber Intoleranten tolerant. Das Ergebnis ist eine zutiefst gespaltene, zutiefst verunsicherte und ihrer ursprünglichen Freiheit sowie Heimat beraubte Gesellschaft. Der Einzelfall regiert den Alltag. Die Polizisten haben wir von den Grenzen abgezogen und an den Weihnachtsmärkten zum Schutz unserer Traditionen und Bräuche aufgestellt. Zu Weihnachten müssen christliche Kirchen beschützt werden, weil islamistische Angriffe durch importierte Gotteskrieger nicht ausgeschlossen werden können. In Europas Hauptstädten wurden ganze Viertel einer Ideologie des zügellosen Multikulturalismus geopfert. Ganze Ghettoviertel entstanden. Wenn wir 1993 noch die Begrenzung von Schulklassen auf höchstens 30 Prozent Schüler nicht deutscher

Muttersprache forderten, machen die Schüler deutscher Muttersprache in den Pflichtschulen der Haupt- und Großstädte heute nicht einmal mehr fünf Prozent aus. Die Kriminalitätsstatistiken sind gestiegen. Heute sind wir mit einer neuen, herkunftssozialisierten Gewalt vornehmlich gegenüber Frauen konfrontiert. Heute leben wir in Ländern mit andauernder Terrorgefahr. Heute sind wir neben dem rechtsextremen und linksextremen Antisemitismus mit einem religiös motivierten Antisemitismus konfrontiert. Auf den Plätzen der Städte erheben sich die Flaggen von islamistischen Terrororganisationen. Karl Lagerfeld sagte einst: „Man kann nicht Millionen von Juden umbringen und dann ihre größten Feinde ins Land holen." Wie recht er doch damit hatte. Wenn wir 1993 die Ziele des Volksbegehrens umgesetzt hätten, wären uns viele Probleme erspart geblieben. Das ist Fakt. Wenn wir in die Länder Osteuropas blicken, sehen wir, dass eine strenge Asyl- und Zuwanderungspolitik kein Widerspruch zur offenen Gesellschaft ist, sondern diese in Wahrheit schützt. Wenn wir in die Länder des Nordens Europas blicken, sehen wir, welche gewaltigen Probleme diese Rechtsstaaten nun haben, das bereits Geschehene nur irgendwie rückgängig zu machen, aus den Fehlern der Vergangenheit zu lernen.

Wer diese Debatte ernsthaft führen will, muss sie fair im Ton, aber hart in der Sache führen. Man muss sie intellektuell redlich führen. Man muss sie mit dem Blick der verantwortungsvollen Vernunft und nicht der vernebelnden Ideologie, eben nicht getrieben, hasserfüllt und aus der Defensive führen. Und man muss sie im Chor mit ehrbaren und redlichen, über jeden Verdacht erhabenen Personen auf Basis von Fakten führen. In Deutschland hat Thilo Sarrazin, ehemaliger Berliner Finanzsenator der SPD, einen entscheidenden Beitrag dazu geleistet. Auch der ehemalige Verfassungsschutzpräsident Hans-Georg Maaßen ist ein Vertreter der verantwortungsvollen Debatte. Natürlich muss man mit Gegenwind rechnen. Es geht immerhin darum, die bisherige Migrationspolitik umgehend zu beenden und die daraus entstandenen Schäden zu beheben. Beheben bedeutet, umgehend jene rigoros abzuschieben, die sich illegal in Europa aufhalten, die sich illegal einen Zugang zu

Europa verschafft haben, die als selbst eingeladene „Gäste" das Gastrecht missbrauchen. Eine anständige und vernunftgeleitete Migrationsdebatte, die eine Mehrheit der Bürger unterstützen kann und will, ist keine ethnische und schon gar keine, die den verrückten Gehirnen von Rassenideologen entspringt. An diesem ewiggestrigen Narrensaum will kein vernünftiger Mensch anstreifen. Viktor Frankl sagte, es gibt nur gute und böse Menschen. Und eben die Bösen will ich nicht, egal, ob sie hier geboren sind oder nicht, egal, auf welcher Seite des politischen Spektrums sie stehen. Wenn wir auf Österreich blicken, wollen anständige Menschen nicht weniger als in Frieden und Freiheit leben. Das sind neben in Österreich geborenen Bürgern auch geborene und zugewanderte Kroaten, Slowenen, Italiener, Spanier, Franzosen, Deutsche oder Briten. Wer unsere Identität respektiert, sich in die Gesellschaft einbringt, unseren Rechtsstaat und unsere sinnstiftenden Werte akzeptiert und lebt, ist willkommen. Auch den Menschen, die über die Jahrzehnte in den europäischen Ländern wie Österreich oder Deutschland eine Heimat gefunden haben, sind wir im Wort. Diese haben sich integriert, haben einen schweren Weg auf sich genommen. Sie haben die Sprache erlernt, sich rechtschaffen verhalten, zahlen Steuern und sind vollwertige Mitglieder unserer Gesellschaft geworden. Eine vernünftige Migrationspolitik lässt sich nicht von Linksextremen diffamieren oder von einem versprengten Haufen von Rechtsextremen treiben. Das ist jene Politik, die Jörg Haider formulierte und für die die Freiheitlichen seit 1993 stehen. Es ist jene Politik, die Viktor Orbán in Ungarn ohne Wenn und Aber umsetzt. Für die Matteo Salvini und die Lega in Italien gewählt werden. Und es ist jene Politik, die Marine Le Pen in Frankreich vorgibt. Auch die gewählten Verantwortungsträger an der Spitze der AfD stehen für eine Begrenzung der zügellosen Zuwanderung, unaufgeregt und solide bringen Sie ihre Forderung in die notwendige Debatte ein. Sie werden als Rechtsextreme und Neonazis diffamiert. Weil das System immer so darauf reagiert. Diese Diffamierung hat insofern ein Ende gefunden, dass eine Mehrheit der Menschen sich nicht mehr beeindrucken lässt. Gegenwärtig gehen in Deutschland Zigtausende Menschen gegen die AfD auf die Straße. Als vor wenigen Monaten, im Oktober, Antisemiten mit Terrorfahnen auf Deutschlands Städten ihren Antisemitismus unverhohlen feierten, sah man diese selbst ernannten Beschützer der Freiheit nicht. Auch ein Beweis dafür, dass diese Debatte auf allen Seiten teils ideologisch verblendet und heuchlerisch geführt wird. Mögen parteiübergreifend alle Menschen erkennen, dass die vor 30 Jahren formulierten Ziele eines Jörg Haider aktueller denn je sind. Und mögen wir erkennen, dass die gesellschaftliche Spaltung nur durch eine Behebung der katastrophalen Zustände seit 2015 herbeigeführt werden kann.

19. JANUAR 2024

Auf das Geheimtreffen folgt die über Monate minutiös geplante Geheiminszenierung. Mit einer kleinen Presseaussendung begann es, vor einer Woche. Und jeden Tag wurde an der Eskalation gefeilt, versuchte man, das Meinungsbild nach einem fein austarierten Regieplan zu beherrschen. Umgehend stieg der Öffentlich-Rechtliche ein, wenige Stunde nach den ersten Berichten wurden die ersten Theaterstücke terminiert und ausgeschrieben, dann folgten die mahnenden Erklärungen der Parteienvertreter im Sekundentakt, fortgesetzt mit den ersten Aufrufen zu landesweiten Demonstrationen. Zwischenzeitlich durften sich Fußballverbände, Sportler, TV-Sternchen und Bischöfe wie der bestellte Schnittlauch in der Suppe zu Wort melden. Nun geht der Kanzler höchstselbst an die Öffentlichkeit, nur mehr kurze Augenblicke trennen die Weltöffentlichkeit von der Moralpredigt des Bundespräsidenten. Und während so Millionen von Deutschen jeden Tag wie im DDR-Umerziehungslanger indoktriniert werden, wonach ein AfD-Geheimtreffen ohne AfDler stattgefunden habe, beschließt der Bundestag, die deutsche Staatsbürgerschaft zum Inkassopreis zu verscherbeln. Fünf Jahre muss man in Deutschland leben, und siehe da, man bekommt die Staatsbürgerschaft nachgeschmissen, regelrecht aufgedrängt. Jörg Haider sagte einst: Bevor die Politiker das Volk austauschen, sollte das Volk die Politiker austauschen. Nur: Weiß das Volk, welche Schmierenkomödie sich vor ihren Augen abspielt? Statt Merkels illegale Glückskinder von 2015 folgerichtig und gesetzestreu wieder abzuschieben, legalisiert man einfach das Illegale, beschenkt die „Wir-schaffen-das"-Karawane mit dem Pass. Und sorgt somit für vollendete Tatsachen. Auch jene 351.000 Asylwerber von 2023 bekommen im Toleranzrausch der GutmenschInnen spätestens 2028 den Pass. Was bedeutet das für Deutschland? Was bedeutet das für Europa? Also, für Deutschland bedeutet es die gesetzliche Anerkennung der Anarchie. Für Europa bedeutet es, dass sich immer mehr Menschen, angezogen durch die Schalmeientöne Berlins, auf den Weg machen. Statt das umzusetzen, was das Volk will, nämliche eine strenge, ja harte Migrationspolitik, macht das politische Establishment der Altparteien zum zweiten Mal den gleichen Fehler, wundert sich trotz durchschaubarer Kampagnen über die AfD-Erfolge und versucht in letzter Not, die Demokratie auszuschlagen. Bevor die Politik das Volk austauscht, sollte das Volk die Politiker austauschen!

24. JANUAR 2024

Jetzt sind ja alle wieder zufrieden. Friede, Freude, Eierkuchen. Bei eisiger Kälte haben sie die Angstparolen gebrüllt, bei ihren Aufmärschen den Dienst an der Demokratie und der Freiheit geleistet. Nun kann man wieder nach Hause, Deutschland ist gerettet. Endlich! Die Funktionäre riefen zur Revolution gegen die Opposition, das bestellte Volk von Sonntagsdemokraten erfüllte den Auftrag. Als nützliche Idioten, wohlgemerkt. Ist die Rezession gestoppt? Nein! Ist die Inflation erfolgreich bekämpft? Nein! Ist die Energiekrise bewältigt? Nein! Hat die Deindustrialisierung ein Ende gefunden? Nein! Haben die Menschen mehr Geld in der Tasche? Nein! Wurde der Einzelfall verhindert? Nein! Sind Deutschlands horrende Budgetschulden weniger geworden? Nein! Hat man die politischen Gauner und Ganoven überführt? Nein! Sind die Bauern nun in ihrer Existenz gesichert? Nein! Ist der Krieg zwischen der Ukraine und Russland beendet? Nein! Nein!!! Alles ist beim Alten geblieben. Täglich strömen Tausende unregistriert nach Deutschland, der Einzelfall regiert weiter den Alltag, die wirtschaftliche und soziale Lage ist trist, Deutschland steigt ab. Aber einige Hunderttausend Deutsche sind glücklicher. Sie leben in keinem besseren Land, im Gegenteil. Es ist schlechter geworden. Wie es jeden Tag schlechter wird. Aber sie sind stolz. Sie konnten sich endlich wie Sophie Scholl oder Stauffenberg fühlen. Denn in ihrem Wahn sehen sie überall Nazis, und nachdem die Wahnvorstellung für manch schwere Fälle real ist, durften sie ein Wochenende lang Widerstandskämpfer sein. Und sie waren tapfer, wahre Kriegshelden. Sie haben Deutschland vor der Machtübernahme durch die Nazis gerettet. Unblutig übrigens. Jetzt sitzen sie wieder zu Hause, sind stolz. Denn sie waren bei den Guten. Und als sie munter wurden, war das Bett nass. Auch typisch deutsches Schicksal.

Aus unserem Programm

ISBN 978-3-99081-072-9